助力经济高质量发展研究丛书

Research Series on boosting high-quality economic development

中国新能源政策
经济效应研究

付莎　著

西南财经大学出版社

中国·成都

图书在版编目(CIP)数据

中国新能源政策经济效应研究/付莎著.--成都:
西南财经大学出版社,2025.2.--ISBN 978-7-5504-6487-2

Ⅰ.F426.2

中国国家版本馆 CIP 数据核字第 2024N1A668 号

中国新能源政策经济效应研究

ZHONGGUO XINNENGYUAN ZHENGCE JINGJI XIAOYING YANJIU

付 莎 著

责任编辑:石晓东
助理编辑:徐可一
责任校对:张 博
封面设计:星柏传媒 墨创文化
责任印制:朱曼丽

出版发行	西南财经大学出版社(四川省成都市光华村街55号)
网 址	http://cbs.swufe.edu.cn
电子邮件	bookcj@swufe.edu.cn
邮政编码	610074
电 话	028-87353785
照 排	四川胜翔数码印务设计有限公司
印 刷	四川五洲彩印有限责任公司
成品尺寸	170 mm×240 mm
印 张	10.5
字 数	186 千字
版 次	2025 年 2 月第 1 版
印 次	2025 年 2 月第 1 次印刷
书 号	ISBN 978-7-5504-6487-2
定 价	78.00 元

前言

在全球气候变暖、生态环境恶化的背景下，世界各国普遍提高了对发展绿色经济的关注与重视程度。根据世界银行的数据，中国人均能耗量从1971年的464.93千克油当量上升到2014年的2 236.73千克油当量[1][2]。中国是能源消费大国，人均能源消耗量的快速增长给经济、社会、环境的可持续发展带来了较大压力。调整经济结构、转变经济发展方式成了中国国民经济发展的主要任务之一。从经济、社会、环境以及能源安全的角度来看，粗放型的能源消费模式和经济增长模式不可持续，国家必须削减化石能源使用总量，降低能耗强度，减少碳排放，开发新能源，发展绿色经济。

推动绿色经济发展的关键是开发新能源，而新能源政策是新能源产业发展的有力保障，其制定和颁布的目的之一是通过对资源的优化配置，促进新能源产业发展。中国的新能源政策能否有效引导资金流入新能源产业，从而实现对资源的优化配置？新能源政策颁布后，相较于传统企业，新能源企业的研发投资强度是否更高？新能源政策颁布后，能否有效推进新能源产业高速发展，从而促进绿色经济发展？目前，学术界对基于上述问题的中国新能源政策的经济效应尚缺乏深入系统的研究。

---

[1] 1千克油当量=1.428 6千克标准煤。
[2] 数据来源：Wind数据库。

本书拟从新能源政策经济效应的视角，系统研究中国新能源政策颁布后在微观和宏观层面对新能源上市公司及绿色经济发展的影响。本书首先研究新能源政策颁布与上市公司股票异常收益率之间的关系，探讨新能源政策能否有效引导资金流入新能源产业，从而实现对资源的优化配置；其次，通过对上市公司研发投资强度的研究，论证新能源政策颁布后，相较于传统企业，新能源企业的研发投资强度是否更高；最后，研究新能源政策是否有助于提高绿色经济发展水平。

本书的主要研究工作及结论如下：

（1）本书运用事件研究法，研究新能源政策能否有效引导资金流入新能源产业，从而实现对资源的优化配置。

实证研究发现：①新能源政策颁布后，新能源上市公司样本在事件日（$T=0$），出现了显著为正的平均异常收益率；②新能源政策颁布后，沪深证券交易所新能源上市公司样本都出现了显著为正的异常收益率；③新能源政策颁布后，国有控股和非国有控股新能源上市公司样本都出现了显著为正的异常收益率；④新能源政策颁布后，东部地区和非东部地区新能源上市公司样本都出现了显著为正的异常收益率。由此可见，新能源政策颁布后，新能源上市公司的股票会出现显著为正的异常收益率，这表明新能源政策能有效引导资金流入新能源产业，从而实现对资源的优化配置。

（2）本书构建多元回归模型以研究新能源政策颁布后新能源企业的研发投资强度是否更高，以及政策支持力度对企业研发投资强度的影响。

实证研究发现：①新能源政策颁布后，相较于传统企业，新能源企业的研发投资强度更高；②在受新能源政策支持的企业中，政策支持力度越大，企业研发投资强度越高。这说明，新能源政策能有效降低信息收集成本，缓解市场信息不对称，减少交易成本，从而对企业研发投资产生正向激励作用。同时，新能源政策的引导能有效增加公共产品的供给。

（3）本书构建面板模型以研究新能源政策出台条数与单位 GDP 能耗之间的关系，讨论新能源政策支持力度与绿色经济发展水平之间的关系。

实证研究发现：①新能源政策出台条数与单位 GDP 能耗显著负相关，说明新能源政策能有效降低单位 GDP 能耗，从而证明新能源政策有助于提高绿色经济发展水平；②新能源政策滞后一期后，仍然能有效降低单位 GDP 能耗，说明新能源政策在提高绿色经济发展水平方面具有持续性；③从解释变量的绝对值来看，东部地区样本的绝对值大于非东部地区样本的绝对值，这说明在东部地区，新能源政策能更有效地降低单位 GDP 能耗，从而证明新能源政策在提高绿色经济发展水平方面具有区域差异，且东部地区明显强于非东部地区。

在经济发展的过程中，大多数发达国家及发展中国家都使用产业政策来扶持相关产业发展，以弥补市场失灵带来的效率损失，从而推动产业和技术升级。从政策效力来看，新能源政策有助于提高绿色经济发展水平；从政策时效性来看，新能源政策在提高绿色经济发展水平方面具有持续性；从政策效力区域差异来看，新能源政策效力存在区域差异，且东部地区明显强于非东部地区。

综上所述，新能源政策具有显著的短期微观经济效应和长期宏观经济效应，从短期（3 天内）来看，新能源政策会对新能源上市公司股价产生冲击，实证研究发现，这种利好政策会给新能源上市公司带来正向冲击，出现显著为正的异常收益率；从短期（3 年内）来看，相较于传统企业，新能源企业研发投资强度更高，且在受新能源政策支持的企业中，政策支持力度越大，企业研发投资强度越高；从长期（5 年以上）来看，政府通过逐步构建并完善新能源政策体系，为新能源产业发展提供有力的政策保障，从而吸引社会各方看好新能源产业，并将资源投入新能源产业，进而提高绿色经济发展水平。

本书的创新点主要体现在以下三个方面：

（1）本书从微观和宏观的视角，系统研究了新能源政策颁布后产生的经济效应，从而拓展了中国新能源政策的研究层级，扩大了中国新能源政策研究的范围，丰富了现有新能源政策的研究文献。

已有文献对中国新能源政策的研究，主要集中在对新能源政策相关法律法规的梳理以及对国内外政策发展路径的对比上。部分文献探讨了新能源政策对企业行为的影响，但是尚缺少对微观主体和宏观经济影响的系统研究。

本书通过研究新能源政策颁布后新能源上市公司的短期股价波动，厘清新能源政策在短期内对微观主体的影响，并分析投资者对新能源政策的认可度；通过研究"新能源政策能否促进新能源上市公司提高研发投资强度"，实证分析新能源政策的微观经济效应；通过研究新能源政策经济效应，进一步推动政策的合理制定，从而提高政策的有效性和时效性；通过研究"新能源政策是否有利于绿色经济发展"以及"新能源政策是否具有时效性"，为新能源政策的宏观经济效应提供实证证据。

（2）本书把新能源政策颁布后的经济效应划分为"短期微观"和"长期宏观"两个阶段，分别研究了新能源政策在不同阶段对微观主体和宏观绿色经济产生的效应，并通过对两个阶段的对比分析，以期有效把握新能源政策在不同阶段的政策效应。

具体而言，在短期（3天内），本书主要考察新能源政策对新能源上市公司股票价格的冲击，通过异常收益率观察新能源政策能否有效引导资金流入新能源产业，从而实现对资源的优化配置；在短期（3年内），本书通过对上市公司研发投资强度的分析，研究新能源政策能否引导上市公司提高研发投资强度；在长期（5 年以上），本书通过研究新能源政策出台条数与单位 GDP 能耗之间的关系，讨论新能源政策能否提高绿色经济发展水平。

（3）本书从上市公司股价波动和异常收益率的角度，提出了新能源政策颁布后短期微观经济效应的研究思路。

新能源政策引导资金流入新能源产业，具体体现在投资者买入新能源上市公司的股票上。政策的颁布从本质上讲，是向社会发出一种明确的信号，即向社会公众表明政府的产业引导方向。这种信号会融入上市公司的股票价格中，并通过投资者对股票的买卖反映投资者对政策的态度。因此，我们可以应用该研究思路有效分析新能源政策能否有效引导资金流入新能源产业，从而实现对资源的优化配置。

本书的政策建议如下：

本书通过研究发现，新能源政策具有显著的短期微观经济效应和长期宏观经济效应，中国新能源政策在借鉴欧美国家产业政策的基础上，结合中国国情对新能源政策进行了完善和创新。因此，应该继续发挥中国新能源政策的制度优越性，扩大政策覆盖范围并加大政策支持力度；继续坚持和完善财政政策和税收政策，引导新能源产业实现良性发展；继续推动资本市场建设，对新能源企业给予扶持和支持；进一步加大新能源政策对非国有控股企业研发的支持和奖励力度，特别是加大对民营企业技术创新的扶持力度；进一步推动绿色发展创新体系建设，以促进新能源政策更有效地配置资源、激励企业提高研发投资强度，最终促进中国新能源产业发展和绿色经济发展。

付 莎

2024 年 10 月

目录

1 绪论

1.1 研究背景

随着气候环境、地缘政治形势的变化，全球能源局势也在发生变化。世界上已经有多个国家落实《巴黎协定》，全球范围的能源转型正在加速进行，全球能源供应、需求和消费格局将发生前所未有的变化和调整①。

20世纪70年代的两次石油危机给世界经济造成重创。国外方面，欧美国家意识到过度依赖传统化石能源和高度依赖能源进口不仅不利于经济的发展，还会削弱其在国际事务上的影响力。因此，欧盟从多个层面开始探讨新能源的发展路径，其中有法律体系的建立、推行与实施以及产业政策的制定、颁布与实施，以期通过多元化能源结构来改变对传统化石能源的过度依赖（张敏，2017）。而美国为了应对全球能源资源危机和气候变暖问题，则围绕减少温室气体排放的目标制定了提高能源利用效率和开发利用新能源的政策（黄浩 等，2011）。

国内方面，中国新能源及其相关产业得到了国家的大力支持与发展。"十二五"规划指出，要大力发展新能源、新材料、新能源汽车等战略性新兴产业，通过调整优化能源结构、构建现代能源产业体系，推动能源生产、能源利用方式的变革。"十三五"时期（2016—2020年）是全面建成小康社会决胜阶段。"十三五"规划指出，确保全面建成小康社会，其中一个重要的方面是全面推进绿色发展。"十三五"规划支持和推动新能源

---

① 资料来源：《中国可再生能源产业发展报告（2018）》。

汽车、绿色低碳、高效储能与分布式能源系统等前沿领域的创新和产业化。"十四五"时期（2021—2025 年）是我国全面建成小康社会、实现第一个百年奋斗目标之后，乘势而上开启全面建设社会主义现代化国家新征程、向第二个百年奋斗目标进军的第一个五年。"十四五"规划提出，要加快发展方式绿色转型。全面提高资源利用效率，构建资源循环利用体系，大力发展绿色经济，构建绿色发展政策体系。

国家领导人高度重视环境保护和绿色经济发展。2013 年 9 月 7 日，习近平主席在哈萨克斯坦纳扎尔巴耶夫大学发表演讲并谈到有关环境保护的问题时指出"我们既要绿水青山，也要金山银山。宁要绿水青山，不要金山银山，而且绿水青山就是金山银山"。这表明了中国大力推动生态文明建设的态度和决心。这对中国经济社会转型、推进生态文明建设等重大实践均有重要的指导价值。

党的十九大报告指出，中国经济已由高速度增长阶段转向高质量发展阶段，这是一个经济发展方式在转变、经济结构在优化、增长动力在转换的阶段。在这个阶段中，绿色低碳已成为新增长点和新动力。党的十九大报告指出，中国特色社会主义进入新时代，我国社会主要矛盾已经转化为人民日益增长的美好生活需要和不平衡不充分的发展之间的矛盾。能源消费革命、能源供给革命、能源技术革命、能源体制革命以及全方位加强国际合作，是有效推动中国能源体系向绿色低碳能源体系变革、有效解决中国社会主要矛盾的重要途径与关键举措。

近年来，中国新能源产业得到较大发展。随着中国经济由高速增长阶段转向高质量发展阶段，中国能源需求增速呈现下降趋势。根据《BP 世界能源展望（2019 年）》，中国能源需求增长在展望期内会降缓至年均1.1%，不及过去二十二年年均增速的五分之一（5.9%）。中国在能源需求总量增长率下降的同时，能源结构不断得到调整优化（方德斌 等，2017）。"十三五"规划提出，要"优化能源供给结构，提高能源利用效率，建设清洁低碳、安全、高效的现代能源体系，维护国家能源安全"。例如，鼓励能源技术创新、提高能源利用效率、优化能源结构、大力发展传统能源的清洁机制。这既是经济可持续发展的重要保障，也是经济发展方式转变的内在需求。

本书将从微观和宏观两个维度，系统研究中国新能源政策的经济效应：通过研究新能源政策颁布后，新能源上市公司的短期股价波动，厘清新能源政策在短期内对微观主体的影响，并分析投资者对新能源政策的认可度；通过研究"新能源政策能否促进新能源上市公司提高研发投资强度"，实证分析新能源政策的微观经济效应；通过研究新能源政策的经济效应，进一步推动政策的合理制定，从而提高政策的有效性和时效性；通过研究"新能源政策是否有利于绿色经济发展"以及"新能源政策的时效性"，为新能源政策的宏观经济影响提供实证证据。

1.2 研究意义

1.2.1 现实意义

研究新能源政策是对可持续发展理论的重要补充和完善，能在宏观经济学、微观经济学、制度经济学、能源经济学、国民经济学、计量经济学等多学科的理论基础上对新能源政策的经济效应进行系统研究，从而拓展新能源政策的研究领域，丰富新能源政策经济效应研究的相关文献。本书通过对新能源政策经济效应的研究，提出新能源政策制定的建议，有利于相关部门改进政策工具和措施方式，提高政策的有效性和时效性，促进中国绿色经济发展，促进中国新能源上市公司的健康发展。这具体表现在：对新能源政策的有效性和时效性的研究，有利于充分发挥政策资源配置的功能，有利于相关部门提升政策制定效率，从而影响微观主体的投资行为和经营绩效，进而促进绿色经济发展。

1.2.2 理论意义

（1）本书从微观和宏观的视角，系统研究了新能源政策颁布后产生的经济效应，从而拓展了中国新能源政策的研究层级，扩大了中国新能源政策研究的范围，丰富了现有新能源政策的研究文献。

（2）本书从上市公司股价波动和异常收益率的角度，提出了新能源政策颁布后短期微观经济效应的研究思路。新能源政策引导资金流入新能源产业，具体体现在投资者买入新能源上市公司的股票上。政策的颁布从本质上讲，是向社会发出一种明确的信号，即向社会公众表明政府的产业引导方向。这种信号会融入上市公司的股票价格中，并通过投资者对股票的买卖反映投资者对政策的态度。因此，我们可以应用该研究思路有效分析新能源政策能否有效引导资金流入新能源产业，从而实现对资源的优化配置。

（3）本书把新能源政策颁布后的经济效应划分为"短期微观"和"长期宏观"两个阶段，分别研究了新能源政策在不同阶段对微观主体和宏观绿色经济产生的效应，并通过对两个阶段的对比分析，以期有效把握新能源政策在不同阶段的政策效应。

（4）本书系统梳理了新能源政策在国内外的起源、现状和发展趋势。新能源作为未来能源发展的必然趋势，具有明显的公共产品属性。中国通过出台相应的政策来鼓励新能源产业实现健康稳健发展，从而有效引导社会资源进入新能源产业，增加新能源产业的产品供给。这些研究结论和实证依据对中国新能源政策的制定和执行都具有借鉴意义。

1.3 概念界定

本书主要对能源、新能源、产业政策、新能源政策、研发投资强度、绿色经济进行概念界定。

（1）能源

能源是自然资源的一种，是国民经济的重要物质基础。人类对能源进行开采并加以利用，从而获取能量。《中华人民共和国节约能源法》中所称能源是指煤炭、石油、天然气、生物质能和电力、热力以及其他直接或者通过加工、转换而取得有用能的各种资源。能源主要有化石能源和非化石能源。

从使用方法的角度来看，能源可以分为一次能源和二次能源。一次能源是指以自然形态存在的、未经加工的天然能源，如天然气、石油、煤炭、水能等。进一步地，按照能否重新形成，能源可以分为可再生能源和不可再生能源。可再生能源（如太阳能、风能等）是指通过一定规律可以在一定时期内得到补充的能源；不可再生能源（如天然气、石油、煤炭等）在地球的储量是有限的，随着人类的开采只会越来越少直至枯竭。二次能源（次级能源）是指需要经过加工处理转换成另一种形态的能源，如电能就是二次能源的一种，具体来说，电能又包括风电、光电、水电、核电、煤电等。

从生产技术的角度来看，能源划分为常规能源和新能源。常规能源是指在既定技术水平下广泛应用的能源，如天然气、石油、煤炭等。新能源是指采用尚未广泛推广的新技术而加以利用的能源，如风能、太阳能等。

（2）新能源

1978年12月20日，第三十三届联合国大会第148号决议提出了新能源的概念，其是指涵盖传统能源以外的所有能源。联合国开发计划署（The United Nations Development Programme，UNDP）把新能源划分为三大类：其一，大中型水电；其二，新可再生能源，包括小水电、太阳能、风能、现代生物质能、地热能、海洋能；其三，传统生物质能（曹新 等，2011）。其中，新可再生能源又包括小水电、太阳能、风能、现代生物质能、地热能、海洋能（潮汐能）。

1981年，在联合国新能源和可再生能源会议上，新能源被定义为：以新材料和新技术为基础，使传统的可再生能源得到现代化的开发和利用，用取之不尽、周而复始的可再生能源取代资源有限、对环境有污染的化石能源。

1985年，全国科学技术名词审定委员会公布，新能源是指在新技术基础上，系统地开发利用的可再生能源。可再生能源是指在自然界中可以不断再生、永续利用，对环境无害或危害极小的能源，包括风能、太阳能、水能、生物质能、地热能、海洋能、氢能等。从概念来看，新能源和可再生能源有所不同。2012年国务院印发的《"十二五"国家战略性新兴产业发展规划》指出，新能源利用的范围，除了核电、风电、太阳能光伏和热利用，还包括生物质发电、页岩气等（张宪昌，2018）。

理论界也对新能源的概念进行了界定。李艳芳等（2015）认为新能源的"新"，重点在利用方式和技术的创新。新能源的"新"是指正在着手开发的新型能源。例如，尚在实验阶段的能源技术一旦研发成功，将开启人类能源应用的新篇章。新能源的"新"是相较于传统能源来讲的，传统能源（煤炭、石油等）是指使用较为普遍、技术较为成熟的能源；而新能源是指还没有普遍被利用的、处于研发阶段的能源。李艳芳等（2015）认为，中国整体能源技术相较于发达国家还有一定差距，通过立法来鼓励中国新能源产业发展能够促进新能源技术的创新。学术界应加强对新能源和可再生能源的立法与政策的研究，对新能源产业发展过程中出现的问题进行梳理、分析、研究，从而为制度的设计、调整和改进提供可靠的建议，进而促进新能源产业实现可持续发展。

本书认为，新能源是指以新技术为基础的、正处于积极开发阶段的、尚未进入大规模利用阶段的能源。新能源的范围包括可再生能源和不可再生能源。其中，不可再生能源包括核能、页岩气、可燃冰；可再生能源包括非传统用途的风能、太阳能、生物质能、地热能、地温能、海洋能、氢能等。

（3）产业政策

产业政策是指国家制定的，引导国家产业发展方向、推动产业结构升级、协调国家产业结构、使国民经济健康可持续发展的政策。产业政策主要依靠国民经济计划、产业结构调整计划、产业扶持计划、财政投融资、货币手段、项目审批来实现。

产业政策一般由产业结构政策、产业组织政策和产业发展政策构成。产业结构政策是指政府根据国民经济发展现状，以产业结构为基础，确定未来产业的重点发展方向。产业组织政策是指在相同产业内部，为了实现资源的有效利用以及经济利益的合理分配，通过产业政策有效构建产业组织结构，增强企业间的联系和协同，最终实现产业组织的合理化。产业发展政策是指政府为了推进产业的可持续发展，提高产业的竞争力，实现既定的产业发展目标，通过使用补贴、税收等政策工具制定的一系列具体发展政策的总和（马亮，2019）。

（4）新能源政策

新能源政策是指政府为了引导和扶持新能源产业发展所制定和实施的一系列产业政策的集合。新能源政策是实现新能源产业快速健康发展的必然选择，一般由强制性政策和非强制性政策构成。强制性政策是指政府通过权力强制执行的法律法规以及各项规章制度。非强制性政策分为经济类政策和市场调节类政策。经济类政策主要包括财政补贴、税收优惠、贴息贷款等；市场调节类政策主要包括市场准入、市场定价等政策工具（赵玉荣，2019）。

（5）研发投资强度

企业为了实现可持续发展并获取竞争优势，会将公司资源投入研发中。研发投资就成了识别企业竞争力、测量企业技术进步的重要指标。学术界通常用研发投资强度（研发费用占营业收入的比例）作为衡量企业研发投资的代理变量。从研发投资规模来看，根据世界知识产权组织（WIPO）年报，中国研发投资逐年增长，民间投资也十分活跃（杜勇 等，2014）。从产业特征来看，不同产业对研发投资的依赖程度不同，这会影响企业的研发投资行为。例如，技术密集型产业的研发投资强度一般要高于劳动密集型产业的研发投资强度（程华 等，2008）。

（6）绿色经济

1989 年，大卫·皮尔斯（Pearce）提出了绿色经济这一概念。2008年，为了应对全球金融危机造成的影响，联合国开启绿色经济研究并编制行动纲领。2012 年 6 月，联合国可持续发展大会（以下简称"里约+20"峰会）在巴西里约热内卢召开，其针对世界经济未来可持续发展议题展开讨论，其中一项重要内容就是绿色经济。

"里约+20"峰会认为，自 1970 年以来世界经济和各国经济高速增长是以褐色经济为主导的。随着经济高速增长，环境恶化和社会分化等问题不断凸显。如果继续沿着褐色经济的发展方式走下去，那么 2010—2050 年全世界将会遭遇严重的资源消耗和生态恶化问题。例如，在二氧化碳排放极限为 450ppm 的前提下，不断增长的能源需求与二氧化碳供给形成的缺口将会是全球棘手的问题之一；与此同时，水资源会越来越缺乏。在这种背景下，"里约+20"峰会提出，绿色经济是未来可持续发展的必要选择，在满足世界财富持续增长需求的同时，又不以环境恶化和社会分化为代价。

绿色经济与褐色经济的区别主要在于资本配置的不同。在褐色经济资本配置中，突出将资本重点放在消耗自然资本、减少人力资本的相关领域；而在绿色经济资本配置中，则突出通过减少自然资本的消耗、增加人力资本的方式实现经济增长。绿色经济强调资本主要用于环境友好、资源节约的领域。其中，可再生能源、新能源领域就是绿色经济强调的重要发展领域之一（诸大建，2012）。

相较于褐色经济，绿色经济具有环境收益、经济收益、社会收益三大优势。从环境收益来看，随着新能源消费比重的不断提高，发展绿色经济可以减少能源消耗、减少二氧化碳排放、减少水资源消耗、减少生态足迹、增加林地。从经济收益来看，投资绿色经济的短期收益可能会低于投资褐色经济的短期收益，但是褐色经济对自然资本的消耗是不可逆转的；长期来看，绿色经济能够带来比褐色经济更高的经济增长率。从社会收益来看，褐色经济通过加大自然资本投入来取代人工投入；绿色经济通过增加就业岗位来带动经济发展。联合国的数据显示，2030 年以后绿色经济投资可以创造比褐色经济更多的就业机会（诸大建，2012）。

1.4　研究目标与内容

1.4.1　研究目标

本书的研究目标是在对中外新能源政策梳理的基础上，解决以下三个问题：①从新能源上市公司股价波动的角度，系统研究中国新能源政策的短期微观经济效应。②从上市公司研发投资的角度，系统研究中国新能源政策短期微观经济效应的作用机制。③从绿色经济发展的角度，系统研究中国新能源政策的长期宏观经济效应。

1.4.2　研究内容

本书共分为 7 章。

第 1 章，绪论。本章主要对研究背景、研究意义、概念界定、研究方法、研究思路、研究框架、主要创新点等方面进行说明。

第 2 章，理论基础与文献综述。新能源产业的发展不仅是能源技术的发展，还是经济的发展。我们需要从经济学理论层面明确新能源产业发展的短期、中期与长期目标及关系。本书从绿色经济理论、产业生命周期理论、可持续发展理论、公共产品理论、外部性理论五个方面进行文献梳理。在此基础上，本书对新能源政策发展领域的已有研究进行归纳和总结。

第3章，新能源政策：国际经验与中国现状。鉴于中国新能源产业的发展晚于欧美等国家，新能源产业政策的制定需要从中国国情出发，也需要借鉴国外的先进经验。本书从国内外新能源政策起源、现状与制度框架等方面对国内外新能源政策进行对比分析。

第4章，中国新能源政策短期微观经济效应研究：基于新能源上市公司股价波动的实证分析。在微观层面，新能源政策的颁布会通过资本市场对上市公司产生影响。在短期内，新能源政策的颁布会影响上市公司的股价，反映了投资者对新能源政策的认可程度。本章将事件研究法引入新能源政策的经济效应研究中，从资本市场的角度对新能源上市公司股价波动进行研究，验证新能源政策颁布后，在事件窗口，新能源上市公司的股价是否会产生显著为正的异常收益率，从而论证新能源政策的颁布能否得到市场投资者的认可。

第5章，中国新能源政策短期微观经济效应研究：基于新能源上市公司研发投资行为的实证分析。在微观层面，新能源政策通过补贴、税收等政策工具对新能源上市公司及其行为产生影响。新能源政策的颁布能否促进新能源上市公司提高研发投资强度？本章通过构建模型，实证研究新能源政策对新能源上市公司研发投资行为的影响。

第6章，中国新能源政策长期宏观经济效应研究：基于绿色经济发展的实证分析。在宏观层面，新能源政策的颁布会通过补贴、税收等政策工具对经济产生影响。新能源政策是否会直接影响中国绿色经济的发展？不同类型的新能源政策的时效性怎么样？本章通过构建模型对中国新能源政策对绿色经济发展的作用效果进行实证研究。

第7章，研究结论、政策建议、研究不足与展望。

1.5 研究方法、思路与框架

1.5.1 研究方法

1.5.1.1 文献研究法

本书通过文献检索与阅读，首先收集、整理、分析、评判和引用与本书所涉及理论观点相关的研究成果，了解目前理论研究的整体情况和前沿问题；其次，在学习和借鉴前人的研究成果的基础上，对既有研究中尚未深入分析的部分，采用理论推演的方法予以拓展，以此形成本书的具体研究思路和研究框架。

1.5.1.2 实证分析法

本书通过构建实证模型，首先，实证回答"新能源政策能否提高新能源上市公司股价"这一问题；其次，实证研究新能源政策能否促进上市公司提高研发投资强度；最后，实证研究新能源政策与绿色经济之间的关系。

1.5.1.3 对比分析法

本书通过对比欧盟、美国、日本的新能源政策，首先，梳理制定新能源政策的框架条件，分析各个国家和地区新能源政策差异的背景和原因；其次，借鉴欧盟、美国、日本的新能源产业发展经验，结合中国国情提出中国新能源政策的改进方向。

1.5.2 研究思路

本书的研究思路如图 1-1 所示。

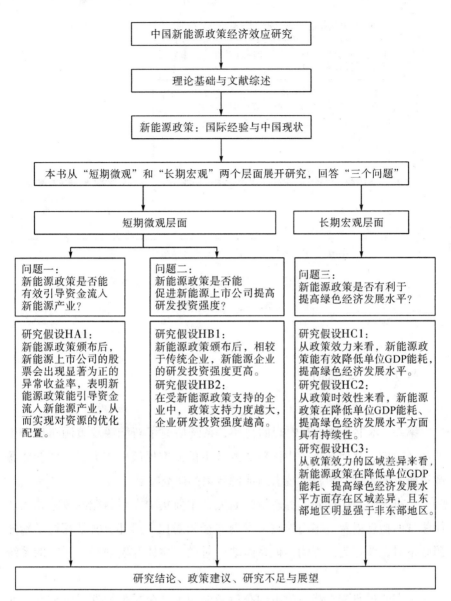

图 1-1 研究思路

1.5.3 研究框架

本书的研究框架如图 1-2 所示。

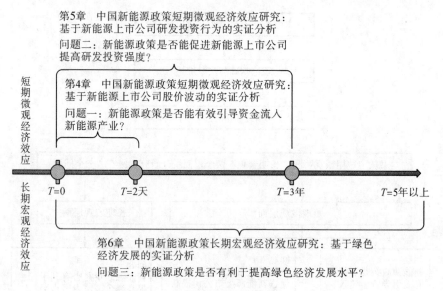

图 1-2 研究框架

1.6 主要创新点

第一，本书从微观和宏观的视角，系统研究了新能源政策颁布后产生的经济效应，从而拓展了中国新能源政策的研究层级，扩大了中国新能源政策研究的范围，丰富了现有新能源政策的研究文献。

已有文献对中国新能源政策的研究，主要集中在对新能源政策相关法律法规的梳理以及对国内外政策发展路径的对比上。部分文献探讨了新能源政策对企业行为的影响，但是尚缺少对微观主体和宏观经济影响的系统研究。

本书通过研究新能源政策颁布后新能源上市公司的短期股价波动，厘清新能源政策在短期内对微观主体的影响，并分析投资者对新能源政策的认可度；通过研究"新能源政策能否促进新能源上市公司提高研发投资强度"，实证分析新能源政策的微观经济效应；通过研究新能源政策经济效应，进一步推动政策的合理制定，从而提高政策的有效性和时效性；通过研究"新能源政策是否有利于绿色经济发展"以及"新能源政策的时效性",为新能源政策对宏观经济的影响提供实证证据。

第二,本书把新能源政策颁布后的影响效应划分为"短期微观"和"长期宏观"两个阶段,分别研究了新能源政策在不同阶段对微观主体和宏观绿色经济产生的效应,并通过对两个阶段的对比分析,以期有效把握新能源政策在不同阶段的政策效应。

具体而言,在短期(3天内),本书主要考察新能源政策对新能源上市公司股票价格的冲击,通过异常收益率观察新能源政策能否有效引导资金流入新能源产业,从而实现对资源的优化配置;在短期(3年内),本书通过对上市公司研发投资强度的分析,研究新能源政策能否引导上市公司提高研发投资强度;在长期(5年以上),本书通过研究新能源政策出台条数与单位 GDP 能耗之间的关系,讨论新能源政策能否促进绿色经济发展。

第三,本书从上市公司股价波动和异常收益率的角度,提出了新能源政策颁布后短期微观经济效应的研究思路。

新能源政策引导资金流入新能源产业,具体体现在投资者买入新能源上市公司的股票上。政策的颁布从本质上讲,是向社会发出一种明确的信号,即向社会公众表明政府的产业引导方向。这种信号会融入上市公司的股票价格中,并通过投资者对股票的买卖反映投资者对政策的态度。因此,我们可以应用该研究思路有效分析新能源政策能否有效引导资金流入新能源产业,从而实现对资源的有效配置。

2 理论基础与文献综述

2.1 理论基础

2.1.1 绿色经济理论

绿色经济是以市场为导向、以传统产业经济为基础、以经济与环境的和谐为目的而发展起来的一种新的经济形式，是产业经济为适应人类环保与健康需要而产生并表现出来的一种发展状态。绿色经济是相对于褐色经济的一种全新的经济发展模式；而褐色经济则是指建立在对资源环境过度消耗基础上，忽视生态保护的不可持续的经济发展模式。

相较于褐色经济，绿色经济具有三个方面的优势：环境收益、经济收益、社会收益。从环境收益来看，随着新能源消费比重的不断增加，发展绿色经济可以减少能源消耗、减少二氧化碳排放、减少水资源消耗、减少生态足迹、增加林地。从经济收益来看，投资绿色经济的短期收益可能会低于投资褐色经济的短期收益，但是褐色经济对自然资本的消耗不可逆转。长期来看，绿色经济能够带来比褐色经济更高的经济增长率。从社会收益来看，褐色经济通过增加自然资本投入来取代人工投入；而绿色经济则通过增加就业岗位来带动经济发展。联合国的数据显示，2030年以后绿色经济投资可以创造比褐色经济更多的就业机会（Zhu et al.，2007；诸大建，2012）。

绿色经济理论的两个特征：其一，在可持续发展的基础之上提出绿色思想，强调人类经济社会发展并不是必然要以自然资本的减少为代价的，而必须尊重自然极限和地球边界；其二，绿色经济理论提出，生产函数也包括自然资本这一变量。

生态经济学将资本分为自然资本和人造资本两大类。绿色经济理论深刻认识自然资本在社会经济发展中的双重作用。自然资本具有可利用性和可依赖性两大特征：可利用性是指人类可以通过一定方式利用自然资本获取用于生计的资源，如土地资源、水资源等；可依赖性是指自然资本提供了保障人类生存的生态系统，如水循环、森林、草原、沼泽、生物多样性等。自然资本可以驱动经济增长，但是由于资源的稀缺性，过度地消耗自然资本又会限制经济增长。绿色经济要求在提高人造资本的资源生产率的同时，也要兼顾维护和扩展自然资本；强调经济社会的发展方式从传统的自然资本消耗方式到自然资本的维护和扩展方式的转变；强调通过教育和学习的方式累积并提高人造资本，并将人造资本作为关键动力推动绿色经济发展（诸大建，2012）。

绿色经济发展没有通用模式，我们可以从全球绿色经济发展的经验中总结一些共同之处。首先，重视公众参与在绿色经济发展中的重要性。一方面，要获得公众对改革的支持，就要重视政策信息的透明度和政策信息的公开度；另一方面，针对政策实施后的效果和影响，必须与公众进行客观有效的交流。其次，重视政策与企业行为的相关性。绿色经济是社会经济发展模式的转型，落实到产业和企业的关系上，体现为企业如何响应政策以及企业行为会有何种转变。再次，绿色经济发展强调利益协调机制。政策工具组合实施会涉及不同的主体，为达成合作共赢，利益协调机制必不可少。这种利益协调机制体现在中央政府与地方政府之间、政府不同部门之间、不同企业之间。最后，绿色经济发展强调公平。强调维护弱势群体的利益，在面临分配不公的问题时，有针对性地利用补偿机制解决政策调整和改革带来的利益矛盾（曹东 等，2012）。

世界绿色经济发展的经验对中国发展绿色经济的启示如下：①强调市场在资源配置中的基础性作用，政府要发挥在绿色经济发展中的引领作用，通过政策的引导和监督弥补市场失灵导致的负外部性。②强调宏观经济政策的引导作用，强调宏观经济与产业转型的协调配合，在推进产业转型升级过程中充分发挥宏观经济政策的作用。③强调科技创新是绿色经济发展的核心动力，科技创新可以为产业内部的转型升级提供动力，也可以为产业间跨界协调发展提供技术支撑。④警惕并重视污染转移的问题，包括对外招商引资过程中的污染转移和国内产业转移过程中的污染转移（曹东 等，2012）。

2.1.2 产业生命周期理论

产业生命周期理论（industry life cycle theory）是产业演进理论（industry evolutionary theory）中的一个分支。该理论关注产业从初期产生到中期成熟再到末期衰退的变化过程，包括产业内厂商数量、产业竞争程度、产业技术创新等的变化。

1957年，美国博思艾伦咨询公司（Booz Allen Hamilton）出版的《新产品管理》一书首次提出了产品生命周期（product life cycle，PLC）。该书提出，根据产品投入市场的变化，我们可以将产品生命周期划分为几个不同的阶段，即投入期、成长期、成熟期和衰退期。划分不同阶段的原因在于，产品会随着时间的推移而发生演变。给定的时间以及给定的产品都可以引入生命周期分阶段进行研究，可以帮助企业制订计划、组织资源、管理生产、做好市场营销等工作（严贝妮 等，2016）。

随后，马森·海尔瑞于1959年提出了企业生命周期的概念。他认为可以借用生命周期概念分析企业。由于企业在管理方面的不足和局限性，其发展也会出现停滞甚至是消亡等现象。1965年，哥德纳指出，企业生命周期具有特殊性。这种特殊性表现在：其一，企业的生命周期时间长度不可预测，即一个企业从创立到成熟再到衰退甚至是倒闭，可能会经历几十年甚至是几个世纪；其二，企业的发展历程可能会处于一个停滞的阶段；其三，企业可以通过技术创新等变革实现成长，从而进入新的生命周期（魏光兴，2005）。

经过多年的研究积淀，这一理论已从对传统产业的研究扩展至对新兴产业的研究。随着以发展战略性新兴产业为标志的全球新一轮科技革命的到来，学术界对新兴产业生命周期理论的研究日渐深入，认为其除了表现出与传统产业相同的一些特征外，还具有自身差异性特点，这就是经典产业生命周期理论所不能解释的一些现象（李超 等，2015）。

2.1.3　可持续发展理论

马尔萨斯等学者最早提出与可持续发展相关的思想，认为经济社会活动存在生态边界。现代可持续发展理论是在环境问题日益严峻的背景下提出的工业化文明的思潮，主要思想包括人与自然、世代伦理以及效率公平等方面。可持续发展兼顾生存与发展，既要实现经济高质量增长，满足人民群众基本需求，也要实现人口、环境和经济的协调发展。

1972 年，联合国人类环境研讨会首次正式提出了可持续发展的概念。1980 年，世界自然保护联盟（International Union for Conversation of Nature，IUCN）在其发表的《世界自然资源保护大纲》中较为全面地分析了可持续发展理论（姜文来 等，1995）。1987 年，世界环境与发展委员会在《我们共同的未来》这一报告中，首次提出了可持续发展理论的定义。该报告指出，人类社会发展必须与环境、生态、资源相匹配。可持续发展理念需要满足当代人类生存的需求，但是这种当代的满足也不能损害后代人的发展需求①。

可持续发展理论（sustainable development theory）是指既满足当代人的需要，又不对后代人满足其需要的能力构成危害的发展。随着经济社会的发展，可持续发展理论被赋予了新的内涵，即实现人类社会的可持续发展。我们可以从五个层面理解可持续发展的内涵：第一，可持续发展是共同的发展。整个世界被看作一个系统，系统中不同的国家和地区是构成大系统的子系统，单个子系统的变化牵动着其他子系统的变化，甚至影响大系统。因此，可持续发展是大系统与子系统共同的发展。第二，可持续发展是协调的发展。发展可以细分为经济的发展、社会的发展、环境的发展、资源的发展四个方面。从不同空间尺度来看，可持续发展是大系统在经济、社会、环境、资源四个方面的发展，也是子系统在四个方面的发展。大系统与子系统的协调发展才能够有助于实现整体的、全方位的发展。第三，可持续发展是公平的发展。世界各个国家和地区，乃至一个国家的不同区域的发展状态都是不均衡的。可持续发展要求区域跨度的公平

---

① 世界资源研究所，联合国环境规划署，联合国开发计划署. 世界资源报告（1992—1993）[M]. 张崇贤，等译. 北京：中国环境科学出版社，1993.

发展，同时也要求代际间的公平发展。第四，可持续发展是高效的发展。其要求在保护环境、节约资源的同时协调推进经济、社会、环境、资源的发展。第五，可持续发展是多维度的发展。这体现在多个国家、多个地区，既包含经济方面的发展也包含文化方面的发展，需要结合具体情况制订多维发展计划（康晓辉，2020）。

可持续发展理论与经济发展的关系，体现在经济发展需要考虑生态成本、协调优化第一产业与第二产业等方面。可持续发展理论与社会发展的关系，体现在人口数量与粮食安全，人口老龄化与养老问题，城市化与就业、社会分工，以及灾害防治等方面。

公平性、可持续性、共同性原则是对可持续发展理论定义的延伸和扩展。公平性原则是指同代之间的公平和代际之间的公平，在资源有限的硬性约束下，要实现全人类的公平发展需要做到横向的代内公平和纵向的代际公平；可持续性原则是指人类发展要以资源、环境、生物等生态系统的可持续发展为前提；共同性原则是指人类的可持续发展不是某国的问题，而是全球的问题，旨在实现全人类的共同可持续发展。

2.1.4 公共产品理论

休谟、霍布斯等哲学家对公共产品问题进行了先期探索，萨缪尔森认为纯粹的公共产品是这样一种产品或劳务，即每个人消费这种产品或劳务不会导致别人对该种产品或劳务消费的减少。公共产品与私人产品相比具有如下特性：效用不可分割、消费的非竞争性、受益的非排他性。公共产品理论是正确处理政府与市场关系、政府职能转变、构建公共财政收支、公共服务市场化的基础理论。

效用不可分割是指公共产品是不可分割的，如国防、外交、治安等不能被分割成许多可以买卖的单位；消费的非竞争性是指边际生产成本为零，在现有的公共产品供给水平上，新增消费者无须增加供给成本，任何人对公共产品的消费不会影响其他人同时享用该公共产品的数量和质量；受益的非排他性是指任何人消费公共产品不会排除他人消费。

公共产品的非竞争性和非排他性，会对消费者产生错误激励，导致每个人都依赖于他人供给公共产品而不愿意由自己提供，从而不可避免地会出现"搭便车"现象，致使私人对公共产品的供给不足。也就是说，某种公共产品带给人们的利益要大于生产的成本，私人也不愿意提供这种产品，导致市场机制失灵，最终只能由政府来提供公共产品。

私人提供公共产品导致的市场失灵使得政府有必要对公共产品的提供进行干预，以达到社会的帕累托最优。政府将公共产品供应的成本和收费有机地结合起来，为社会提供公共产品和劳务，进行资源配置和调节市场需求。

2.1.5 外部性理论

能源的开发利用带来了财富的创造与积累，但也给环境带来了不同程度、不同形式的破坏。人类对能源的开发利用产生的外部性问题造成了环境恶化的严重后果，甚至威胁到人类的生存。

从经济学视角来看，能源的开发利用对生态环境和人类的生存产生的不利影响即能源活动的外部性。不同时期和不同阶段，人类生产活动方式不同意味着对能源的需求、开发利用方式的不同，随之产生的能源环境安全问题和复杂程度亦不同。下面从人类生产活动方式的三个阶段分别进行讨论。

第一阶段，自给自足的农耕时代。在这个阶段，人类主要依靠土地实现财富的创造，财富的代表有粮食、棉花、林木等。因此，这一时代也称为植物能源时代。农耕时代对能源的开发利用几乎围绕土地进行，且以家庭为单位开展，很少涉及跨地区活动。一方面，由于人口数量较少，整体的能源需求相对较少；另一方面，受限于较低的技术水平，人类能够开发利用的能源种类和数量有限，获取能源的方式也较为简单，主要通过植物转化来获取能源，尚未实现更高级别的能源转化。因此，在这个阶段，人类开发利用能源所造成的环境影响相对较小，且能够通过生态环境自我修复，未对环境造成不利影响。

第二阶段，化石能源时代。在这个阶段，人类生产活动方式从农耕时代转向工业时代，煤炭和石油等化石能源的开发利用快速增长，为人类社会创造财富提供了动力。化石能源的大规模利用推动了经济的快速发展，但同时也对环境造成了前所未有的严重污染与破坏。例如，固体废弃物污染、水体污染、大气污染、海洋污染、生物多样性丧失、全球气候变暖等。

第三阶段，后化石能源时代。在1973年、1979年两次石油危机后，煤炭、石油等传统化石能源消费在能源消费总量中的比例不断下降，天然气在能源消费总量中的比例上升。同时，各国逐步开始开发核能、风能等新能源，尤其是2008年金融危机之后，各国开始注重并加大对新能源的开发利用力度，形成了以化石能源为主、新能源并存的能源结构格局。但是，多种形式能源并存的格局，也造成了环境污染问题的复杂性。一方面，化石能源的开发利用对环境造成严重的破坏，如空气污染、雾霾、水资源缺乏、酸雨、温室效应和极端气候等。另一方面，新能源在开发利用的过程中，也不是零污染的，如太阳能光伏电池在制造中也会产生大量污染物；福岛核事故后，各国对核能更是望而却步；生物质能发电过程中排放的氮氧化物；等等。后化石能源时代造成环境破坏因素的多样化，导致这个阶段环境问题的复杂性。可见，在不同历史阶段，人类生产生活方式的不同，对应的人类的能源需求和对能源开发利用的方式也有所不同，从而导致环境问题的复杂性和严重程度也不同（刘汉元 等，2010）。

接下来，我们从宏观和微观两个方面分析人类能源活动引发的外部性问题。从宏观方面来看，农耕时代人类生产生活对能源的需求较少，能源开发利用对环境造成的影响基本在可控范围内，即环境生态系统可以净化能源的开发利用所带来的环境污染。随着经济社会的发展，人类生产生活对能源的需求不断增长，导致对环境的污染和破坏程度也远远超出了环境自净能力和承载能力。从微观方面来看，能源活动主体的既得利益者进行掠夺式开发利用以使得自身利益最大化，同时，环境要素未被纳入生产要素体系，也就是说，既得利益者获取自身利益是不需要支付任何环境污染成本的。

自第一次能源危机（1973年）以来，外部性问题及其带来的社会经济问题引起了经济学家的关注。外部性理论发现了市场机制资源配置低效率以及相应的社会经济问题，并提出了分析框架和解决思路。外部性理论为政府制定并实施能源政策提供了理论依据。"十二五"规划明确了节约资源和保护环境的重要性，为了应对全球自然环境恶化和气候变化，促进经济与环境协调发展，提出了要推动能源生产和利用方式变革，从而构建安全、稳定、经济、清洁的能源体系。随后，2013年全国"两会"就新能源补贴政策等问题进行了讨论，标志着中国从政策上明确了经济、环境、能源协调发展的导向，并采取经济手段推动能源生产和利用方式的转变。

2.2 文献综述

2.2.1 能源与能源政策

2.2.1.1 能源

大量学者分别从能源、能源效率、能源结构、能源与经济发展之间的关系等方面对能源进行了深入研究（陈诗一，2009；Wei et al.，2020；Zheng et al.，2019；魏楚 等，2007；赵进文 等，2007）。

已有的研究表明，能源因素对经济增长至关重要，而中国经济的高速增长是以高耗能和高排放为代价的，能源价格高企以及环保压力不断增大，必然给中国经济结构转型带来深远影响（陈诗一，2009；Wei et al.，2020；Zheng et al.，2019）。魏楚和沈满洪（2007）认为，中国的能源形势不容乐观。一方面，能源的供需矛盾突出；另一方面，能源利用效率和欧美国家相比还有不小差距。

能源与经济增长之间存在相关性（Acheampong，2018；Gozgor et al.，2018；Munir et al.，2020；Zheng et al.，2019）。Acheampong（2018）认为，能源消费可以单向拉动经济增长。能源是中国经济增长中不可替代的生产要素（赵丽霞 等，1998）。Zheng 和 Walsh（2019）的研究综合考虑了能源消耗、贸易、城镇化等，发现中国重工业对中国经济增长有负向影响。赵进文和范继涛（2007）的研究发现，不同国家在不同时期，能源消费与经济增长之间的依从关系不尽相同。

部分学者关注能源结构的相关研究（Yu et al.，2018；Hu et al.，2018；Sun et al.，2018；Zhang et al.，2020；Xia et al.，2020；Xu et al.，2020）。Yu 等（2018）通过能源结构优化，估计到2028年中国碳排放将达到峰值。马丽梅和张晓（2014）认为，能源结构、产业结构、污染水平

三者高度相关，调整能源结构、鼓励和发展新能源、进行能源供给侧结构性改革是治理大气污染的关键。而能源供给侧结构性改革主要包括两个方面：一是优化传统化石能源供应结构以提高使用效率，二是通过产业政策提高新能源在能源消费中的比重（肖兴志 等，2016）。

2.2.1.2 能源政策

中国石油和天然气的对外依存度分别为 70% 和 40%，能源安全形势不容乐观。因此，中国必须继续推进能源供给侧结构性改革，通过制定和实施能源产业政策，大力发展可再生能源、核能、氢能等新能源，构建国家能源供给新体系（边文越，2019）。杨卫东和庞昌伟（2018）认为，中国能源政策的核心是保障能源安全。Safarzadeh 等（2020）认为，工业能效提升行动计划（IEEP）是常用的能源政策之一，其目的是降低工业高耗能产业的能源消耗。中国、美国和瑞典是较为关注 IEEP 及其应用的国家。

Wu（2019）关注了中国农村能源体系政策，结合多项农村能源政策及相关文献，并结合社会经济发展和农村能源问题，将中国自 1949 年以来农村能源发展经历划分为四个阶段：计划经济阶段（1949—1978 年）、计划经济向市场经济过渡阶段（1979—1996 年）、市场经济体制发展阶段（1997—2006 年）、完善市场经济体制阶段（2007—2018 年）。研究发现，农村能源政策体系也经历了停滞、起步、繁荣和完善四个阶段。其常见的三种政策工具是补贴、农村电气化项目、沼气项目。

2.2.2 新能源与新能源政策

2.2.2.1 新能源

相较于传统能源，新能源在使用环节产生的污染排放物更少或几乎没有污染。太阳能、风能等新能源储量丰富，是可以持续利用的。新能源应用方式灵活，既可以采取集中式，也可以采取分布式。但是，新能源具有间歇性、随机性以及技术要求高的特点，这使得新能源的开发利用成本较高。Hafeznia 等（2017）指出，由于环境压力和经济发展，化石能源正在失去其优势。作为替代能源，各国政府一直在促进新能源发展，并将发展新能源产业上升至国家战略高度。世界上大多数国家的新能源发展政策是统一制定的；但是，各国地理位置、资源禀赋、经济社会发展水平的不同，其产出和发展成果也就不同。

新能源产业是指相关主体基于新能源的开发利用而从事的勘探、开发、开采、制造、储能、应用等一系列生产、经营、服务活动的总称。新能源产业既包括能源制造、储能，也包括应用及推广。相关主体既包括企业又包括科研机构。Fischer 和 Preonas（2017）从财政补贴和排放交易的角度研究了新能源发电产业，发现世界各国非常重视新能源发展的激励机制及政策工具。新能源产业具有明显的公共产品属性，需要政府通过公共政策的方式引导和扶持产业发展（Bougette et al.，2015）。其主要目的是减少温室气体排放、减少环境污染以及保障能源供应安全（Lee et al.，2017；Ydersbond et al.，2016）。

部分学者研究了新能源消费与经济增长之间的关系（Chen et al.，2020；Dogan et al.，2020；Shahbaz et al.，2020；Narayan et al.，2017；Inglesi-Lotz，2016；Maji et al.，2019；Naseri et al.，2016）。Chen 等（2020）和 Dogan 等（2020）的研究发现，可再生能源消费对于经济的影响存在门限效应。对于发展中国家而言，当可再生能源消费超过一定水平时，其对经济具有正向影响；而当其低于一定水平时，则具有负向影响。对于发达国家而言，可再生能源消费对经济增长没有显著影响。对于经济合作与发展组织（OECD）成员而言，可再生能源消费与经济增长呈线性正相关关系（Chen et al. 2020）。

2.2.2.2　新能源政策

政策环境是新能源产业发展的重要背景。部分学者对新能源政策进行了分类研究（Polzin et al.，2017；Fischer et al.，2010；吴文建 等，2013）。Polzin 等（2017）把新能源政策的政策工具细分为财政补贴、税收优惠、投资融资、配额管理、市场定价、市场监管等。

在新能源产业发展的不同阶段，财政补贴产生的效应也是不同的。在发展初期，财政补贴可以最大限度地发挥社会效应和经济效应；在发展中期和成熟期，财政补贴对企业营业额的影响减弱并加剧了产能过剩（周亚虹 等，2015）。Fischer 和 Preonas（2010）的研究发现，在新能源政策中，排放交易机制以及税收优惠政策的应用最为广泛，研发支持类政策最受企业欢迎，财政补贴类政策最为常用。吴文建等（2013）对新能源政策进行了分类研究，发现政府管制能有效提高新能源企业的经营绩效，配额机制能有效保障新能源政策目标的实现。

部分学者的研究着重分析了新能源政策的有效性（Menanteau et al.，2003；Assmann，2006；Howarth，2012；Wüstenhagen et al.，2006；Lipp，2007）。日本最早提出了产业政策的概念，其中，能源和电力应该是产业政策中重点考虑的方面。在不同历史阶段，政府结合产业实际情况提出产业政策对产业发展具有重要意义和必要性。政府应该充分发挥市场机制的作用，通过政策向社会提供有效可靠的信息，从而引导资源得到有效配置（小宫隆太郎 等，1988；田鑫，2020）。

政府采取的政策工具类别多种多样，或侧重于数量或侧重于价格，但无论选择何种举措，其最终目的是刺激技术进步和加快技术升级进程。一旦将环境成本内化，新能源技术最终将能够与传统技术竞争并取得成本优势（Menanteau et al.，2003）。Assmann 等（2006）较全面地研究了新能源的潜在价值，并探讨了补贴等政策工具在推动新能源产业发展中的作用，特别是强调了新能源产业政策在发展中国家长期发展目标中的重要作用和地位。

Wüstenhagen 和 Bilharz（2006）回顾了 1973—2003 年德国的新能源产业发展历程，发现基于德国电力供应法和可再生能源法框架下的产业政策是推动德国可再生能源电力生产的主要动力，并且使得德国在完成可再生能源目标方面优先于欧洲其他国家。

生物能源是欧盟新能源的主要来源，欧盟曾设定目标，到 2020 年，欧盟新能源的使用量将大幅增加，在最终能源消费量中所占的份额将达到 20%，在运输业中的比例将达到 10%；预计到 2050 年，新能源占最终能源消费总量的比例将进一步提高到 55%~75%。自 2005 年以来，欧盟新能源产业取得了重大进展，并有望实现 2020 年新能源目标。基于欧盟国家新能源利用的进展回顾，欧盟新能源政策框架强调的政策、规划和目标对新能源产业的发展具有重要意义（Scarlat et al.，2015）。

部分学者着重分析了新能源政策的比较和选择，如 Reiche 和 Bechberger（2004）、Gullberg 和 Bang（2015）、Komor 和 Bazilian（2005）、Jacobsson 等（2009）。国外学者侧重于研究政策设计、政策选择和政策评价，其中，关于政策选择的研究存在一定的争议。追溯过去的发展历程，欧洲各国的可再生能源发展成就有赖于各国结合自身实际情况而推行不同的政策工具。所以，并没有一个完美的政策工具可以适用于任何国家的任何发展阶段。各国的自然资源禀赋、地理位置、政治环境、文化因素等不同，其可再生能源发展的基础也就不同（Reiche et al.，2004）。

绿色证书计划（GCS）和上网电价（FITs）是欧洲主要的两个新能源政策（Gullberg et al.，2015）。有的研究对绿色证书计划提出了质疑，认为欧盟委员会提出的促进新能源电力供应的提案最初是基于一个泛欧洲的、统一的可交易绿色证书（TGC）计划，泛欧盟的绿色证书体系不适合欧洲新能源未来的发展（Jacobsson et al.，2009）。

关于什么样的新能源政策对促进技术进步最有效这个问题，学术界还没有达成一致的观点。新能源政策的制定和实施可能会演变成一个复杂的过程。为了厘清关系，有的研究构建了一个由目标、计划、技术三者构成的框架，三者之间存在着线性关系，且可以通过相关的计划和技术来实现某个政策目标。这个框架认为，选定一个目标后，就有配套计划和技术用以实现这个目标（Komor et al.，2005）。

在新能源政策效率研究领域，Fischer 和 Newell（2008）研究了各类新能源政策的减排效率，发现组合政策相较于单一政策能更有效地实现减排目标。Abolhosseini 和 Heshmati（2014）也论证了组合政策的有效性。同时，新能源政策能有效推动新能源技术商业化（翁章好 等，2008）。

Sahu（2018）和 Gao 等（2011）系统研究了中国风力发电及其相关政策的发展。研究发现，中国风电装机容量处于世界领先地位。这一成绩得益于中国政府致力于为风电机组制造企业提供的激励政策（Sahu，2018）。"十二五"期间，政府政策的吸引，使得中国诸多省份风电装机量超出预计目标，进而使中国风电装机量增长速度超过美国、欧洲等。

中国风电产业的发展可以分为四个阶段：①试点阶段（1986—1993 年），通过优惠贷款政策、国际财政援助和国家补贴等措施，解决风电成本较高的问题，主要以试点项目积累经验；②产业化阶段（1994—2003 年），采用核准电价制度，地方政府根据区域经济发展和风能资源分布情况调整风电价格并报中央审批，推动风电产业逐步走向规模化；③大规模商业化阶段（2004—2009 年），通过竞标定价模式，加快风电项目开发，缓解区域经济发展不均衡和风能资源分布差异问题，促使风电装机容量迅速增长；④快速发展阶段（2010 年及以后），在政策支持和技术进步的推动下，中国风电产业进入质量与效率并重的发展新时期，风电装机容量持续领先，智能电网建设和大容量风机研发进一步提升了风电产业的国际竞争力（Sahu，2018）。

2007 年，国家发展改革委发布《可再生能源中长期发展规划》，该规划指出，要通过并网系统连接 30 GW 的风力发电；要重点开发风能资源丰富的省份，如广东、福建、江苏、山东、河北、内蒙古、辽宁、吉林等，以形成中国风力发电的骨干力量。

大量学者研究了中国光伏发电产业的发展（Huo et al.，2012；Grau et al.，2012；袁潮清 等，2020）。袁潮清和朱玉欣（2020）根据政策中的重点变化和中国光伏产业发展历程中关键事件节点，将中国光伏产业政策划分为五个阶段：培育市场阶段（1994—2008 年）、发展应用市场阶段（2009—2012 年）、推广分布式光伏阶段（2013—2014 年）、市场化阶段（2015—2017 年）、补贴退坡阶段（2018 年至今）。

部分学者研究了中国生物质能发电产业的发展（Zhang，2014；Zhao et al.，2012；Tan et al.，2015；王圣 等，2018）。2016 年，国家能源局发布了《生物质能发展"十三五"规划》（以下简称《规划》），《规划》将东北、华北、华中、华东地区各省份纳入生物质能发电装机的重点发展省份。

有学者对核电发展进行了研究（Zhou，2010；Sternfeld，2010；Huan et al.，2018；王刚 等，2018）。王刚和徐雅倩（2018）基于自 1984 年以来中国核电政策的量化研究，探究了日本福岛核事故对中国核电政策的影响。明晰的政策定位有助于政策主体间合作的有序化进行和专业化分工，基本政策的缺失使得核电政策的制定缺乏了重要支撑（Zhou，2010；Sternfeld，2010；Huan et al.，2018）。

2.2.3 新能源政策与上市公司股价波动

Fama 等（1969）提出的有效市场假说是事件研究模型的基础，该假说认为，所有公开信息和未来期望都能够被市场吸收并充分反映在股票价格中。异常收益是超出预期收益的超额收益，而超额收益是由事件的发生所产生的。所以在事件窗口内的异常收益能够衡量政府颁布新能源政策对新能源上市公司股票价格波动的影响。累积异常收益是事件窗口内的每个时间点的异常收益的总和，用以衡量在一段时间内政策的整体影响。

2.2.3.1 政策、信息与股价波动

有学者从宏观角度探讨了货币政策与股价波动之间的关系（冯用富，2003；吕江林，2005；余元全 等，2008；崔百胜 等，2016）。苏坤（2018）和崔欣等（2018）从股价崩盘的角度研究了货币政策与股价波动之间的关系。孙华好和马跃（2003）的研究为中国人民银行的货币政策制定和预期效果提供了一个具有前瞻性的预测分析框架。

政策冲击对股票市场的影响不仅是显著的，而且影响幅度非常大（史代敏，2002）。刘纪显等（2013）在此基础上研究了欧盟碳期货市场、能源市场及能源股票市场等在受到碳配额政策冲击时的市场响应，发现碳配额政策对制造业的不利影响程度远低于人们的预期。徐晓光和黄国辉（2007）将中国近年来所发生的与股市有关的重大政策事件作为政策干预变量引入自回归条件异方差模型（ARCH），实证结果表明，中国股价波动受政策因素的影响较显著。陈其安等（2010）认为，货币供应量政策对中国股票市场波动性产生显著的正向影响。

突发事件能引起股价异常波动。王彩萍和徐红罡（2009）采用事件研究法分析重大事件对中国旅游业上市公司经营业绩和企业价值的影响。龚枢和陈永丽（2012）研究了福岛核事故对中国经营核电业务的电力公司的影响，发现福岛核事故对中国证券市场存在信息传染效应。韩佳彤等（2019）运用事件研究法探究了两会前后是否存在累积平均异常收益率，进而分析中国资本市场是否存在"两会效应"。结果表明，中国资本市场存在基于两会的会议效应，且由于投资者过度关注，市场存在过度反应。陈林和曲晓辉（2020）探析了新型冠状病毒感染疫情（以下简称"疫情"）对中国股市的影响。他们发现，随着疫情确诊病例的增加，股票回报率先升后降；随着疫情死亡病例的增加，股票回报率先降后升。结果表明，疫情对中国股市有负向影响。赵静梅等（2014）研究了自然灾害与人为事件等公共事件对中国股市的影响，发现自然灾害和人为事件都对所在

地上市公司造成了负向影响，但冲击时间有所差异。

关于增值税改革与股价波动的研究，李涛等（2013）用事件研究法对增值税扩围改革对上海上市公司的影响做了检验，发现扩围改革对上海上市公司有显著的影响且资本市场有明显的市场反应。李嘉明等（2015）采用事件研究法分析了营业税改增值税试点政策的效果，发现"营改增"试点政策的颁布影响了上海市企业的股票收益，且在政策颁布的前后均有正的异常收益。但是，减轻企业税收负担效应存在企业间差异。倪婷婷和王跃堂（2016）选择2009年增值税转型和2016年"营改增"作为事件样本，用事件研究法对资本市场的反应进行了检验，发现在《中华人民共和国增值税暂行条例》（2016年修订）颁布期间，中国资本市场有显著为正的累积超额收益率，其中，在转型地区的国企以及增值税行业企业的累积超额收益率高于试点地区、地方国企、营业税行业企业。研究表明，资本市场投资者对增值税转型是认可的；同时，资本市场对全面"营改增"也是认可的，具体体现为：股价具有正的累积超额收益率。袁显平等（2018）从沪深证券交易所中选取部分上市公司作为样本，运用事件研究法分析了"营改增"对所涉行业及企业的影响，发现"营改增"事件对上市公司的股价波动有显著的影响；但是，这种股价效应在不同的行业和不同的事件窗口存在差异性。

2.2.3.2 产业政策、信息与股价波动

产业政策具有显著的信息效应，使得受产业政策支持的上市公司相较于未受产业政策支持的上市公司，能够有效降低其与投资者之间的信息不对称程度，进而缓解企业的融资约束（车嘉丽 等，2017）。产业政策通过补贴、税收等政策工具，弥补企业因研发投资产生的部分成本，是对企业的正向激励。所以，产业政策作为一种外部信号，使得受产业政策支持的企业每股收益增加（冯飞鹏，2018）。

产业政策能给市场传递一种积极信号，并通过补贴、税收等政策工具优化产业间的资源配置。这种资源优化配置的结果就是受政策支持的企业会获得更多的优质资源，从而降低经营成本，并最终反映在企业的经营收益增长上（谭劲松 等，2017）。产业政策向市场释放利好信息，使得上市公司高管更愿意披露更准确的盈余信息，从而缓解上市公司与投资者之间

的信息不对称，同时，产业政策能够把产业的利好形势传递给投资者，使得市场信心高涨（徐高彦 等，2018）。车嘉丽和薛瑞（2017）认为，产业政策引导和扶持的产业往往代表了国民经济的发展方向。政府通过产业政策向资本市场传递的信号，一方面提高了相关产业的发展预期；另一方面降低了银企间的信息不对称，更好地建立了银企信任与合作关系（Chen et al.，2013），从而降低了企业的融资成本。

财政补贴是一种常见的产业政策工具，上市公司通常是财政补贴政策的直接受益者，这主要体现在三个方面：第一，上市公司获得较多的财政补贴，可能意味着企业经营业绩较好（Lerner，1999）；第二，财政补贴可以直接提升上市公司经营业绩，优化上市公司报表，提升上市公司价值；第三，财政补贴能向社会公众传递代表国家产业未来发展方向的信号（魏志华 等，2015）。

杨令仪和杨默如（2019）运用事件研究法研究了税收优惠政策的资本市场效应，认为政策带来了显著正向的资本市场效应。王玲与朱占红（2011）也得到类似的研究结论。孙志红和卢新生（2011）从农业角度出发，选择关于"三农"问题的中央一号文件和党的十七届三中全会的惠农政策作为政策样本，分析了中国农业政策对农业上市公司股票价格的影响。研究发现，农业上市公司股票价格对中央一号文件的发布有显著的反应，但是没有发现党的十七届三中全会的惠农政策对农业上市公司股价的影响。

李燕等（2016）选择节能环保产业作为战略性新兴产业的代表产业，从微观层面探究了2010—2014年为促进战略性新兴产业发展出台的创新政策，分析了创新政策对上市公司财富效应的影响。刘海飞和许金涛（2017）结合事件研究法和文本挖掘技术分析了异质性互联网新闻对中国股市的短期影响，发现五类异质性互联网新闻中，政策扶持类、兼并类、再融资类和上市公司盈利能力类新闻给相关上市公司股价带来了正的异常收益率；处罚类新闻给相关上市公司股价带来了负的异常收益率。

陈淡泞（2018）探讨了中国上市公司发行绿色债券对股价的影响及短期市场效应，发现绿色债券的发行能够引起市场积极的反应，能够带来上市公司股价显著的正向累积异常收益。这说明绿色债券的发行得到了市场的认可和投资者的关注。

张子余和吕巍然（2018）以高新技术企业上市公司为样本，以国家实行火炬计划作为背景，分析了资本市场对国家火炬计划扶持高新技术企业的市场反应。研究发现，资本市场对国家的高新企业产业政策有显著为正的反应。从企业超额收益视角来看，大规模高新技术企业与中小规模高新技术企业的反应有所差异；非国有高新技术企业比国有高新技术企业有更高的累积超额收益率。

一些学者对政策不确定性与股价波动的关系进行了研究。例如，Pástor 和 Veronesi（2012）、Pástor 和 Veronesi（2013）构建了政策不确定性对公司股价影响的分析框架。Baker 等（2013）和 Da 等（2014）的研究关注了政策不确定性和投资者情绪可能对股价产生的影响。Brogaard 和 Detzel（2015）探析了政策与资产价格的关系。Belo 等（2013）研究了美国执政党轮换对股票收益的影响。Chang 等（2015）研究了 7 个 OECD 成员国的政治不确定性与股价之间的因果关系，发现并非所有成员国的股价反应都一致。Ferguson 和 Lam（2016）研究了政策不确定性与澳大利亚铀矿开采上市公司股价波动之间的关系。事件研究的结果显示，股价对与铀相关的关键政策事件有显著反应。Sun 等（2019）的研究发现，化石能源价格波动会影响新能源企业股价。

2.2.3.3 新能源政策与股价波动

一些学者对新能源上市公司股价波动的原因进行了研究。温晓倩等（2012）基于非对称的（BV）GARCH 模型探析了中国新能源公司股价与 WTI 原油期货收益波动的相关性，发现随着中国新能源技术进步和新能源使用成本降低，新能源公司股价对原油市场的波动更加敏感。朱东山和孔英（2016）较早地通过深圳碳排放交易数据探析了能源价格、碳交易价格与新能源公司股价之间的关系，发现深圳碳交易价格对新能源公司股价没有显著影响。秦天程（2014）通过构建 VAR 模型和 CAPM-GARCH 模型，分析了新能源上市公司股价与传统化石能源价格、碳排放交易价格之间的关系，发现中国煤炭价格对新能源上市公司股价有显著的正向影响。碳排放交易价格的波动会影响新能源投资价值，从而对新能源上市公司股价波动造成重要影响。研究还发现，新能源公司股价指数对高科技股价指数并不敏感，这一结果反映了中国新能源上市公司科技含量不足的现状，以及资本市场更多关注的是新能源概念而非技术优势。

吕涛和潘丽（2017）采用因子分析法对新能源上市公司成长性进行了综合评价，发现中国新能源上市公司成长能力整体偏弱，能力发展不均衡。Reboredo 和 Wen（2015）采用 GARCH 模型研究了中国新能源政策是否会对新能源上市公司股价产生影响，分析了能源立法、强制性目标、经济激励、技术创新等不同政策，并对太阳能、风能、核能、锂电池等新能源细分领域进行了讨论，他们还通过 GARCH 模型和虚拟变量，讨论了政策颁布前后新能源上市公司股价的波动情况。研究结果表明，能源立法对所有细分领域的新能源上市公司股价波动具有抑制作用；经济激励政策对所有细分领域的新能源上市公司股价具有显著的正向影响；其他类的新能源政策对新能源上市公司股价均无显著影响。

2.2.4　新能源政策与上市公司研发投资

企业作为国民经济的微观主体，其创新效率和成本决定了产业的创新能力，而研发投资是企业创新推动产业升级的重要体现。因此，从企业研发投资的角度研究产业政策的实施效果，对鼓励企业创新、提升企业市场竞争力、推动产业结构优化调整、促进经济增长有着重要意义。

2.2.4.1　创新的时代内涵

国家"十二五"规划强调了科技进步和创新对国民经济发展的重要作用，提出要加快转变经济发展方式，并将科技进步和创新作为推动经济发展的重要抓手。在这样的背景下，探讨新能源政策与企业研发投资行为之间的关系具有理论意义和现实意义。

"十三五"规划指出创新是推动发展的源动力，要以创新为核心不断推进理论创新、制度创新、科技创新、文化创新等各方面创新。创新在特定时代具有其特定的时代内涵，传统的创新是指把与生产要素有关的新组合纳入生产体系，如将新技术、新产品、新市场等纳入生产体系。随着时代的改变，商业模式、体制机制、观念文化等方面都不断涌现出新的概念，创新的范畴也从多个维度得到拓展；但创新的本质依然是在知识的基础上创造价值。

今天，创新更侧重于把知识转化为经济价值。这种知识不仅包括科学知识，还包括技术和管理类知识。创新的两个时代特征如下：其一，创新活动的核心是科学知识、技术知识和管理知识；其二，经济价值的转化和实现必须通过市场机制来完成。创新改变了我们的工作与生活，为人类社会的进步和发展不断注入新的动力。

新中国成立后，科学技术始终是国家发展中关注的重要方向。如今，中国社会经济的发展面临着历史机遇和新的挑战，创新又被推到了历史新高度（薛澜 等，2016）。Schot 和 Steinmueller（2018）认为，创新是为了应对社会环境变化所带来的挑战，例如，2015 年联合国发布的可持续发展目标，描述了变革的目的是减少贫困和各种形式的不平等现象。有的研究发现，以往发展中国家的企业主要负责价值链中附加值较低的生产活动，但在一些新兴领域，这些企业通过创新可以迅速提升自身价值，从而改变其在全球价值链中所处地位（Chaminade et al.，2008）。

2.2.4.2 政策与企业研发投资及创新

改革开放以来，为了促进经济发展，中国制定和实施了大量产业政策，这些政策对企业的微观经济活动产生了重要影响，促进了中国经济高速增长。大量学者研究了产业政策与企业研发投资及创新之间的关系（黎文靖 等，2016；逯东 等，2018；吴一平 等，2017；戴小勇 等，2014）。这些学者认为，产业政策能有效提高企业研发投资强度、促进企业创新、推动产业转型升级。部分学者研究了政策不确定性与企业研发投资强度之间的关系（孟庆斌 等，2017；钟凯 等，2017），发现政策不确定性与企业研发投资强度正相关。

还有部分学者研究了产业政策与企业研发投资及创新的关系（黎文靖等，2016；Lee，1996；Aghion et al.，2012）。黎文靖和郑曼妮（2016）从专利的角度研究了中国产业政策对企业创新的影响及作用机制。在产业政策的支持下，企业的新型应用专利数大幅增加，但发明专利数增加幅度并不明显。这反映出企业为了获得政府财政补贴或税收优惠会进行简单的"形式创新"而非"实质创新"，即企业更注重创新的"数量"而非"质量"。

产业政策促进了受政策支持企业的创新，这种促进作用在市场化程度偏低地区的国有企业中特别明显，其中，财政补贴机制促进了国有企业创新（逯东 等，2018）。吴一平和李鲁（2017）认为，在制度环境较差的区域，产业政策对企业创新有明显抑制作用。构建良好的制度环境对企业发展从要素驱动向创新驱动转型至关重要。戴小勇和成力为（2014）的研究发现，财政补贴能够有效提高企业研发投资强度。

有学者研究了政策不确定性与企业研发投资及创新的关系（Xu，2020；He et al.，2020；Hummera et al.，2018；Utpal et al.，2017；郝威亚 等，2016；陈德球 等，2016）。Xu（2020）认为，政策不确定性会增加资本成本，从而负向影响企业创新。也有研究发现，政策不确定性与企业研发投资强度正相关（孟庆斌 等，2017）。郝威亚等（2016）认为，经济政策不确定性会导致企业减少研发投资并抑制企业创新。陈德球等（2016）从政治关联的角度考察了政策不确定性对企业创新的影响，发现由市委书记变更引发的政策不确定性会降低企业创新效率、增强企业融资约束的不确定性，进而减少企业研发投资。

也有学者研究了外部融资环境与企业研发投资及创新的关系（Giebel et al.，2019；Hall et al.，2016；Guariglia et al.，2014；郝威亚 等，2016；钟凯 等，2017）。Giebel 和 Kraft（2019）分析了 2008 年全球金融危机对企业的影响，发现金融危机给外部信贷供应带来的冲击较大，企业会面临外部融资约束，因此对银行信贷依赖较大的企业在金融危机期间的创新活动会显著减少。钟凯等（2017）从融资约束与融资来源视角研究了货币政策与财政补贴对企业研发投资的影响及作用机制。研究发现，货币紧缩会增强企业的融资约束，而财政补贴则为企业研发投资提供了重要的融资支持。国有企业等融资约束较小的企业的负责人更愿意规避创新风险。如果研发投资存在较大机会成本，且政策存在较大不确定性，企业就会谨慎对待研发投资，从而抑制企业创新。因此，政府应该稳定企业对政策的预期（郝威亚 等，2016）。

2.2.4.3 多层级政策与企业研发投资及创新

创新是产业发展的核心动力。政府制定并调整产业政策就是为了调动企业创新的积极性，包括两个方面的内容：一是增加研发投资，二是增加研发产出。田志龙等（2019）分析了从中央到省、区、市的各级政策文本内容及体系，从政策要素、政策特征、政策作用机制等多个维度来辨析政策体系。从政策要素来看，政策由政策诉求、政策资源、政策过程和政策目的组成。其中，政策诉求是指政府希望企业达到哪些条件，做到哪些事情，因此政策具有导向性。政策资源是指政府用于激励企业从事政府诉求的创新活动而提供的资源，这种资源也是企业想要获得的，因此政策具有稀缺性特征。政策过程是指政府为实现政策诉求以及企业为获取资源而采取的行动。政策目的就是颁布政策的原因和实施政策想要达到的目的。划分政策的构成要素有助于深入分析政策及其作用机制，也有助于企业更好地响应政策诉求从而获取稀缺性资源。

"五年规划"包括国家对重点鼓励产业和一般鼓励产业的规划信息，因此，学者们开始关注"五年规划"的宣布和实施对企业创新的影响（余明桂 等，2016）。余明桂等（2016）基于上市公司的专利数据，研究了国家产业政策对企业创新行为的影响。研究发现，与一般的政策相比，产业政策对受鼓励产业的创新行为影响更大。产业政策能够显著推动企业创新，提高受鼓励产业中企业的研发水平。产业政策的鼓励效果会因企业所有权性质不同而存在异质性，其与企业创新的正向关系在民营企业中更为显著。这说明产业政策可以激发企业创新的动力。

2.2.4.4 不同政策工具与企业研发投资及创新

部分研究探讨了产业政策对企业研发投资及创新的影响。政策工具主要有政府担保、贷款、贴息、税收优惠等。国内外众多学者研究了财政补贴、税收优惠政策与企业研发投资之间的关系（Chen et al.，2012；郁建兴，2017；谭劲松，2017；曾慧宇 等，2019；周亚虹，2015；徐乐，2019；高伟，2019）。研究发现，政府通过产业政策能有效弥补市场失灵，从而引导企业提高研发投资强度。

产业政策通过补贴、税收等政策工具，弥补企业因研发投资产生的部分成本，是对企业的正向激励。同时，产业政策能给市场传递一种积极信号，并通过补贴、税收等政策工具优化产业间的资源配置，促进私人部门的创新活动。这种资源优化配置的结果就是受政策支持的企业会获得更多的优质资源，从而降低经营成本，并最终反映在企业的经营收益增长上（谭劲松 等，2017）。周亚虹等（2015）研究了转型经济时期，产业政策能否有效促进新能源企业提高研发投资强度。研究发现，在新能源产业发展早期，产业政策能有效促进企业提高研发投资强度。江静（2011）从所有制的角度分别研究了财政补贴和税收优惠对内资企业和外资企业研发投资强度的影响，发现财政补贴能有效提高内资企业的研发投资强度，而税收优惠能有效提高外资企业的研发投资强度。所得税优惠政策是政府激励企业研发投资强度的重要工具。张信东等（2014）研究了税收优惠政策对企业研发投资强度的影响，发现税收优惠政策能促使企业提高研发投资强度并申请更多的专利，但这种影响存在显著的区域特征。研发费用加计扣除政策能够有效提高企业创新效率（张俊瑞 等，2016）。邹洋等（2016）的研究发现，财政补贴和税收优惠对企业研发投资均有正向激励作用，且财政补贴的激励作用大于税收优惠，流转税优惠的激励作用大于所得税优惠。

综上可以看出，不同的政策工具具有不同的政策效果，另外，政策工具有时会通过多个政策工具组合的方式出现。简单的政策工具组合未必能够达到较好的政策扶持效果，政策工具之间相互补充、相互牵制、相互替代。政策的扶持效果一开始是随着总量增加而增加的，但是到了某个程度后就会下降（胡明勇 等，2001）。

2.2.4.5 区域政策与企业研发投资及创新

产业政策对企业研发投资具有显著的正向作用，但同时也具有区域性差异，因此没有适应所有区域的"理想模式"（Tödtling et al.，2005）。针对不同地区，政府应当结合当地资源禀赋、产业基础、经济发展状况等情况实施差异化政策，从而营造适合当地场景的制度环境，再由这种制度环境营造出相应的市场环境，进而为企业研发投资注入动力（高伟 等，2019）。

从整体来看，产业政策积极推动了新能源企业研发投资。但是，区域间的创新要素不完备、基础设施差异、创新人才流失等问题普遍存在，导致区域发展的差距较大、区域间协调能力较弱、区域间互动和协调机制缺乏。国家要实现经济高质量发展，就需要全域空间都能够向高质量发展转型，而不是一部分区域切换动力，另一部分区域却停留在过去的发展模式上。所以，国家需要进一步通过政策支持推动创新要素打破壁垒，使得创新要素能够在区域间有序流动、共同分享，从而解决创新能力在区域间分布不均衡的问题，并充分发挥区域合作机制，促进区域技术合作。还有学者认为，政府应该利用制造业基础和产业链优势，在区域内形成互补，合力做大产业生态，推动协同创新能力提升（中国社会科学院工业经济研究所课题组，2020；产健 等，2020）。

有的研究关注了区域政策与企业研发投资及创新之间的关系（张永安 等，2016；李晨光 等，2014）。李晨光和张永安（2014）的研究发现，区域政策可以激发区域内企业的研发投资，并可以提高企业创新效率。区域政策中的具体举措包括政府项目、资金补助、税收优惠、研发人才支持、研发软硬件支持等，这些政策都对区域内企业的研发投资起到了促进作用。其中，资金补助的促进作用随着时间的推移而减弱。另外，区域内企业所处产业不同，区域政策的效果也会不同，如区域政策对电子信息、生物医药类企业的创新效率影响较大；区域内企业规模不同，政策的影响程度有所不同，如相较于区域内的大型企业，小微企业研发投资更加依赖政策的扶持，即区域政策对小微企业创新效率的促进作用更加明显。

2.2.4.6 环境政策与企业研发投资及创新

一些学者研究了外部环境（Dosi et al.，2006；Xu，2020；Khoshsokhan，2017；Yang et al.，2020；Chu et al.，2018；Hall et al.，2012）、环境规制与企业研发投资及创新之间的关系（Testa et al.，2011；Zhang et al.，2018；Sherman et al.，2020；Jaffe et al.，1995；Porter et al.，1995）。Xu（2020）考察了政府经济政策不确定性对企业创新的影响，发现较高的经济政策不确定性会通过两种路径影响企业创新：一种是通过传统的投资不可逆阻碍创新，另一种则是通过增加资本成本渠道阻碍创新。环境政策及环境规制会直接带来间接费用从而增加企业的生产成本，削弱企业竞争力，给企业的创新能力带来负向影响（Jaffe et al.，1995）。以 Porter 为代表的学者则认为，应该从动态的视角分析环境规制对企业创新的影响。研究发现，环境规制对企业创新具有正向影响，环境规制可以激发企业创新的动力（Porter et al.，1995）。

因为受到环境规制的影响，企业会更加关注技术创新，从而抵消部分或是全部成本（蒋伏心 等，2013）。例如，海尔产品成功进入欧美市场，海尔更是从遵守行业规则到制定行业规则。海尔的成功实践说明，企业通

过自主创新才能提高竞争力（黄德春 等，2006）。殷宝庆（2013）通过
DEA 模型测算了工业企业创新效率并探讨了环境规制对企业创新的影响及
作用机理。研究发现，环境规制对企业创新的影响具有区域异质性，在东
部地区环境规制与创新效率呈"U"形关系，而在西部地区则呈倒"U"
形关系。

范丹和孙晓婷（2020）认为，环境规制的强度和类型都会对企业技术
创新产生影响。研究发现，环境规制可以分为市场激励型和强制命令型两
类。其中，市场激励型环境规制可以显著促进企业技术创新；而强制命令
型环境规制会使低生产效率的企业遭到淘汰，且提高行业进入门槛，但企
业创新往往需要较长的周期。所以，强制命令型环境规制并不能显著促进
企业技术创新。

2.2.4.7　金融政策与企业研发投资及创新

部分研究开始关注首次公开募股（IPO）对企业研发投资及创新的影
响（Cai et al.，2020；Wies et al.，2015；Bernstein，2015；李云鹤 等，
2018；刘端 等，2019）。Bernstein（2015）的研究发现，IPO 与企业创新
之间存在联系，从专利数量来看，IPO 并未给企业创新带来太大影响，IPO
会使企业研发投资更加倾向于传统项目。李云鹤等（2018）的研究发现，
上市公司通过 IPO 获取了资本增加的机会，可以促进企业创新。刘端等
（2019）的研究发现，股权增发对企业创新具有积极影响。

2.2.4.8　新能源政策与企业研发投资及创新

部分学者研究了新能源政策与企业研发投资及创新之间的关系。郑吉
川等（2019）在研究双积分政策对新能源汽车产业发展的过程中发现，财
政补贴对企业研发投资有正向激励作用。高伟和胡潇月（2019）利用新能
源汽车及其对照组样本研究不同市场结构下财政补贴和企业研发投资之间
的关系，发现不同市场结构下的市场主体对产业政策的反应存在差异，财
政补贴对微观企业研发投资具有显著的额外激励作用。

2.2.5　新能源政策与绿色经济发展

2.2.5.1　绿色经济

1989 年，大卫·皮尔斯（Pearce）提出了绿色经济这一概念。2008 年

全球金融危机背景下，联合国开启绿色经济研究并编制行动纲领——《迈向绿色经济》。2012年6月，"里约+20"峰会在巴西里约热内卢召开，其展望了未来可持续发展深化推进的思路，其中，倡导绿色经济就是新思路的重要内容之一。"里约+20"峰会指出，1970年以来世界经济和各国经济的高速增长是以褐色经济为主导的，随着经济高速增长而来的还有环境恶化和社会分化等问题。如果继续沿着褐色经济的发展方式走下去，那么2010—2050年全世界将会遭遇严重的资源消耗和生态问题。在这种背景下，"里约+20"峰会提出，绿色经济可以在满足世界财富持续增长需求的同时，不以环境恶化和社会分化为代价。

早在2001年，中国学者就指出绿色经济作为一个新生概念，其在产生和发展的过程中均需要各方面的支持。其中，政府通过制定相关政策促进绿色经济的发展是非常必要的，应将人口、环境、资源作为内生变量纳入经济系统，为绿色经济政策的制定和实施提供充分的依据和支撑（张象枢等，2001）。

在全球环境恶化、气候变暖等背景下，世界各国纷纷关注并重视发展绿色经济。在中国，调整经济结构、转变经济发展方式成为国民经济发展的主要任务，其中，加快工业发展方式的转变对国民经济未来发展至关重要。

中国绿色经济发展具有区域性特征。有研究结合各个区域资源禀赋和工业发展基础，探讨了区域绿色经济发展。武友德和杨旺舟（2011）结合云南省自然资源禀赋、生态环境和国民经济发展现状，梳理了云南省工业基础、发展现状及面临的问题，并提出了云南省绿色经济发展的建议。在中国东部地区，江苏省作为经济大省，同时也是资源和能源消耗大省，经济社会发展面临着资源和环境的瓶颈约束。2003年江苏就提出了建设绿色江苏的战略，推出了一系列促进绿色经济发展的产业政策（张平 等，2011）。程云鹤等（2019）探析了不同背景下政策对安徽省节能减排绩效的影响，发现从节能减排效果来看，组合政策的效果比单一政策更好。其中，税收、环保政策的节能减排效果最为显著，其次是财政政策，而科技、金融政策的节能减排效果较弱。

2.2.5.2 政策与新能源产业发展

部分学者关注了政策在产业发展过程中起到的作用（刘澄 等，2011；

杨林 等，2012；许冠南 等，2016；马红 等，2015）。补贴、税收等政策工具在各国新能源产业的发展过程中均起到重要作用，能有效推动新能源产业高速发展。

研究发现，在产业发展过程中，政府主要在弥补市场失灵、推动资源优化配置、引导产业技术升级、促进企业有效竞争、科学调整产业布局五个方面起作用（刘澄 等，2011）。产业政策为战略性新兴产业提供基础和牵引，能够促进战略性新兴产业的发展（杨林 等，2012）。政府采购与财政补贴是两种经典的产业政策工具，在推动战略性新兴产业加速发展中起到促进作用（许冠南 等，2016；马红 等，2015）。

产业政策对尚处于成长期的新能源产业的可持续发展是必要的，且具有显著的影响（张卫国 等，2015；唐安宝 等，2016；周亚虹 等，2015；戚聿东 等，2016；余达锦，2015）。在新能源产业投资过程中，政府主要在引导产业前期发展、扶持产业过程发展、营造有利于产业发展的投资环境等方面扮演重要角色（张卫国 等，2015）。在产业发展的不同阶段，产业政策的影响会有所不同：在产业发展初期，随着财政补贴的增加，新能源产业具有盈利优势；但在产业扩展后，这种优势难以持续（周亚虹 等，2015）。产业政策能有效促进新能源产业的发展（余达锦，2015）。推动绿色发展的关键之一就是发展新能源（彭文兵等，2018）。从长期来看，产业政策对新能源推广有促进作用，但制定政策要以新能源应用及推广的实际情况为依据。

学者们从不同角度分析了补贴对新能源产业发展的影响。补贴是有限的，如何利用补贴促进新能源产业发展，就需要结合产业链不同环节实施差异化补贴从而达到最优效果。高新伟和闫昊本（2018）从产业链视角出发，把补贴细分为中间生产补贴、终端消费补贴和研发补贴，分析了产业链不同环节的补贴对新能源产业的影响。研究发现，中间生产补贴有助于企业预期利润的增加和技术进步。相较于其他环节的补贴，中间生产补贴的政策效果最好。政府通过细化补贴政策的实施、全程监督补贴发放、实施骗补追责等举措改善补贴政策，从而推动产业持续健康发展。

张杰等（2015）结合中国区域性差异探讨了补贴政策实施带来的影响。他们通过研究理论模型发现，外部环境会对补贴政策实施效果产生影响，在知识产权保护制度较为薄弱的区域，补贴政策更能够促进企业提高研发投资强度。企业融资环境与研发投资息息相关，在金融发展较滞后的地区，企业面临的融资约束较强，此时，贷款贴息政策能够直接缓解企业融资约束，促进企业提高研发投资强度。此外，无偿资助政策并未促进企业提高研发投资强度。

周亚虹等（2015）探讨了产业政策与企业研发投资和产业健康发展之间的关系。产业政策的效果需要划分产业发展阶段进行讨论：在产业起步阶段，产业政策能够直接改善企业经营状况，影响企业盈利；在产业发展中期阶段，产业政策不仅不足以激发企业提高研发投资强度，而且会导致产品同质化和产能过剩。

毛其淋和许家云（2015）探讨了补贴与企业创新的关系，发现补贴在一定的区间内对企业创新的激励效果较好，而超过这个区间的过度补贴会抑制企业创新。同样，外部环境对企业创新也至关重要，例如，知识产权保护存在区域性差异，在知识产权制度较完善的区域，财政补贴更有利于企业创新。

陆国庆等（2014）指出，战略性新兴产业补贴政策的实施效果受到公司自身因素的影响。例如，企业资产负债率、杠杆系数、固定资产比率等财务风险因素，以及独立董事占比、大股东持股比例等公司治理因素。

部分研究关注消费端补贴的实施效果，实施消费端差异化补贴有助于促进新能源产业发展。李庆（2012）认为，现金补贴的方式会产生收入效应，既可能增加新能源消费也可能增加传统能源消费。价格补贴在不同市场环境下效果不同，在用能总量不饱和的情况下，价格补贴能促进新能源的消费，又不影响传统能源的消费；而在用能总量饱和的情况下，价格补贴则可以在降低传统能源消费的同时增加新能源的消费。

2.2.5.3 政策与绿色经济发展

林毅夫和孙希芳（2003）在经济发展的比较优势理论中指出，国家的经济发展战略包括国家在经济发展过程中的发展目标以及为了实现该目标而配套的政策和制度安排。产业政策的制定和实施使得政府在经济发展的过程中起到积极作用。一方面，政府可以通过产业政策为企业提供产业支持和技术引导；另一方面，政府可以通过财政支持政策补偿企业在进行技术创新时面临的负外部性。由此可见，政策在国家经济发展过程中占有重要地位。

中国是能源消费大国，人均能源消耗量的快速增长，给经济社会环境的可持续发展带来了较大压力。从经济、社会、环境以及能源安全的角度来看，这种粗放型的能源消费模式和经济增长模式不可持续，必须削减化石燃料使用量、减少碳排放、发展新能源、发展绿色经济（刘磊，2012）。

绿色经济模式在本质上是环境、资源与市场主体协调发展的平衡经济模式，其不能完全依靠市场机制的自发调节，需要政府通过制定和执行绿色经济政策提供必要的公共产品与服务。绿色经济政策包括指导思想和政策工具两个方面的内容（苏立宁 等，2010）。绿色经济转型有利于创造经济发展的新动力以及新的就业机会，有利于突破国家能源瓶颈，提升国家竞争力（曹东 等，2012）。曾婧婧和童文思（2017）认为，新能源政策有利于促进新能源产业发展，从而实现新能源对传统能源的消耗替代，进而促进中国绿色经济发展。中国正在大力推进绿色经济发展之路，建设资源节约型和环境友好型社会，而发展新能源能为绿色经济发展奠定坚实基础。

曹东等（2012）系统对比和归纳了欧美国家和中国绿色经济发展中取得的成绩以及存在的问题，认为世界各国发展绿色经济没有统一模式，中国大力发展绿色经济必须解决能源和环境制约问题。政府要综合应用补贴、税收等政策工具，通过产业政策的制定和执行来促进绿色经济发展。曾婧婧和童文思（2018）认为，经过多年的发展，中国已经形成了多层次全方位的能源政策体系，该体系分别针对能源领域开源、节流与转型目标，形成了新能源开发政策、节能政策以及传统能源转型政策。曾婧婧和童文思（2018）还选择单位 GDP 能耗作为绿色经济发展水平的代理变量，研究了新能源政策的政策效力。实证结果表明，新能源政策能有效促进中国绿色经济发展。

环境规制是否会对绿色经济发展产生影响？不同类型环境规制的效果是否存在差异？学者们围绕这些问题进行了研究（Su et al., 2020; Farran, 2018; Zhao et al., 2019; 刘和旺 等，2016; 范丹 等，2020; 原毅军 等，2015）。刘和旺和左文婷（2016）的研究发现，随着市场激励型环境规制强度的提高，绿色全要素生产率先升后降，即当环境规制强度到达临界值后，环境规制的这种作用会减弱。由此可见，环境规制与绿色全要素生产率是倒"U"形关系。原毅军等（2015）将不同的环境规制进行了分类研究，并探讨了不同类型环境规制对中国工业绿色经济发展的影响。结果表明，绿色经济不仅受到环境规制强度的影响，还受到环境规制类型的影响。范丹和孙晓婷（2020）的研究发现，市场激励型和强制命令型两种环境规制手段均在超过临界值后促进了绿色经济的发展，但两种类型环境规制作用效力不同。市场激励型环境规制对绿色经济的促进作用比强制命令型环境规制具有更显著的效果，且东部地区的环境规制对绿色经济发展的影响最显著。

绿色信贷通过为绿色项目提供融资，助力绿色经济发展，这是推动绿色经济发展的必然选择，也是绿色金融的核心组成部分。学者们开始关注绿色信贷与绿色经济发展之间的关系（谢婷婷 等，2019；韩丰霞 等，2017；Carraro et al.，2012；Lansvan et al.，1994）。谢婷婷和刘锦华（2019）测算了省级区域的绿色经济发展，构建了省级区域面板模型，实证结果表明，绿色信贷与绿色经济的发展之间具有显著的正相关关系。韩丰霞等（2017）通过博弈模型分析了企业、商业银行参与绿色信贷的动力。研究发现，对于企业来讲，由于缺乏对应的激励机制和惩罚机制，企业不会主动转换生产方式。对于银行来讲，商业银行作为绿色信贷的参与主体，也不会主动参与绿色项目，一方面，绿色信贷的评级方法和评级制度尚不完善，使得绿色信贷的风险较大；另一方面，商业银行基于自身风险的考虑，其主动参与绿色项目的动力不足。

2.2.6　文献简评

目前，国内外学者对新能源及新能源政策的研究已形成比较丰富的文献，为后继学者的研究提供了良好的基础，但是与中国新能源政策的经济效应相关的文献还缺乏系统的研究框架，还需要进一步拓展。

（1）国内外学者研究了货币政策、突发事件、税收政策、产业政策对上市公司股票价格波动的影响（冯用富，2003；吕江林，2005；余元全等，2008；崔百胜 等，2016）。大多数学者都研究了事件冲击对股票波动的影响的传导机制，发现产业政策能给市场传递一种积极信号，并通过补贴、税收等政策工具优化产业间的资源配置。这种资源优化配置的结果就是受政策支持的企业会获得更多的优质资源，从而降低经营成本，并最终反映到企业的股价波动上。但是，这些研究都缺少系统的实证证据。本书在研究新能源政策对新能源上市公司样本以及对照组样本的股票异常收益率的基础上，探讨了不同所有制、不同地区新能源上市公司在股价异常波动方面存在的差异。

（2）已有文献研究了新能源政策对上市公司研发投资的影响（黎文靖等，2016；逯东 等，2018；吴一平 等，2017；戴小勇 等，2014）。学者们普遍认为，新能源政策能有效提高企业研发投资强度、促进企业创新、推动产业转型升级。但是，在新能源政策对企业微观主体研发投资影响方面，已有文献尚缺少实证研究。本书在研究新能源政策及其工具对新能源上市公司样本以及对照组上市公司样本的研发投资强度的影响的基础上，探讨了不同所有制、不同地区新能源上市公司在研发投资方面存在的差异并提供了实证证据。

（3）部分学者关注了产业政策在产业发展过程中起到的作用（刘澄等，2011；杨林 等，2012；许冠南 等，2016；马红 等，2015）。研究发现，产业政策对尚处于成长期的新能源产业的可持续发展是必要的。产业政策与新能源产业的发展之间具有显著的正相关关系（张卫国 等，2015；唐安宝 等，2016；周亚虹 等，2015；戚聿东 等，2016；余达锦，2015）。新能源作为未来能源发展的必然趋势，具有明显的公共产品属性。中国通过相应政策鼓励新能源产业健康稳健发展，并有效引导社会资源进入新能源产业，增加新能源产业的产品供给，进而促进绿色经济发展。但是上述研究尚缺少系统的实证分析。本书系统梳理了中国新能源政策的制定和颁布情况，通过构建模型，为研究中国新能源政策对绿色经济发展的作用提供了实证证据。

3 新能源政策：
国际经验与中国现状

3.1 国外新能源政策的起源与发展

能源是经济和社会发展的基础，在国民经济中占据核心地位。第二次世界大战结束以后，随着人口迅速增长和世界各国工业化水平、城镇化水平的不断提高，能源消费急剧增加。但是，传统常规能源的价格极不稳定，常常受到地缘政治、产量等因素的影响。这种不稳定性也激发了各国加大新能源的开发、应用和推广力度，下面主要梳理国外新能源产业及政策的发展现状、制度框架及历程。

3.1.1 国外新能源产业现状

21 世纪以来，面对能源供给安全、全球气候变暖、经济持续增长等挑战，发达国家和发展中国家都将新能源发展提升到了国家战略的高度。随着世界各国对新能源产业发展的重视，全球范围内的新能源产业发展和新能源消费都呈现出一幅崭新的画面。特别是 2008 年金融危机之后，作为应对金融危机的一项重要举措，发展新能源产业①成为世界各国的共识。下面从新能源各细分领域的角度梳理新能源产业的发展现状。

3.1.1.1 世界主要国家风力发电产业发展现状
风力发电机研制成功距今已经有 100 多年历史。早期的风力发电机由

---

① 新能源产业包括上游资源勘探开采、中游整机装备及零部件制造、下游应用。

于成本高、稳定性差，大规模应用并不理想，该阶段是风力发电的小规模利用阶段。第一次石油危机期间（1973—1974 年），传统化石能源价格高涨，迫使风力发电等技术得到不断革新，从而促进了风力发电产业快速发展。

根据全球风能理事会（GWEC）的数据，截至 2019 年年底，全球风电累计装机容量超过 650 GW，较 2018 年增加了 10%。自 2014 年以来，虽然一些国家和地区的市场出现波动，但全球每年的风电装机容量都超过 50 GW。2018 年与 2017 年相比，全球新增风电装机容量下降 4.0%，但是仍然达到 51.3 GW。2019 年全球新增风电装机容量超过 60 GW，较 2018 年增加了 19%。中国和美国是全球最大的陆上风电市场，2019 年两国的新增风电装机容量合计占全球新增风电装机容量的 60%。

海上风电装机容量是新增风电装机容量的重要组成部分，2019 年全球海上风电装机容量 6.1 GW，占全球新增风电装机容量的 10%[①]。欧洲仍然是海上风电的最大市场，占 2019 年全球新增风电装机容量的 59%，亚太地区占 41%。从 2019 年世界各国海上风电新增装机容量来看，中国新增装机容量超过 2.3 GW，仍然位于领先地位；英国和德国的新增装机容量分别为 1.8 GW 和 1.1 GW，分列第二位和第三位。GWEC 预计，从 2020 年到 2024 年，全球新增海上风电装机容量将超过 50 GW。

3.1.1.2 世界主要国家光伏发电产业发展现状

全球光伏市场主要分布在德国、西班牙、法国、意大利等国。2019 年，太阳能光伏发电市场发展趋势较好并保持稳定增长。根据国际可再生能源机构（IRENA）的数据，2019 年全球太阳能光伏发电累计装机容量 580.1 GW，新增装机容量 97.1 GW[②]。从装机规模来看，占主导地位的是大规模地面光伏电站。值得注意的是，日本受福岛核事故的影响，后续大力发展光伏发电产业，预计到 2030 年，日本光伏发电累计装机容量将超过欧洲国家。

3.1.1.3 世界主要国家生物质发电产业发展现状

生物质能是最具潜力的新能源之一。2019 年，全球生物质能发电累计

---

① 数据来源：https://gwec.net。
② 数据来源：https://www.irena.org。

装机容量 86 870 MW，其中，2018 年新装机容量 4 821 MW，2019 年新增装机容量 3 762 MW①。由于生物质能数量基础大，越来越多的国家期望用生物质能替代传统化石能源。生物质能利用的方式多种多样，从技术和规模化使用的角度来看，沼气、生物质成型燃料、生物液体燃料和生物质能发电是常见的利用方式。

从扶持生物质发电产业的实践中，我们可以得到推动新能源产业发展的三点经验：其一，明确的目标作为指引。例如，欧美国家提出发展生物质能的阶段性目标及中长期发展目标；其二，财政支持。各国常用补贴、税收等政策工具来推动生物质能发展。例如，美国对生物柴油和乙醇实施税收优惠政策；德国为沼气发电提供电价补贴政策；瑞典通过用户补贴推广生物质成型燃料的采暖；还有一些国家在公共服务领域推广生物质能的使用。其三，研发支持。为支持生物质能发展，欧美等国为相关技术研发提供从基础研究到产业服务体系的全方位支持，尤其是在示范和推广方面提供大力支持。由此可见，未来的新能源产业市场潜力较大，世界各国都在不断加大对新能源产业的扶持力度，新能源产业发展持续向好。

3.1.2 国外新能源政策的制度框架

本书借助现有研究，整理新能源政策的制度框架，从概念界定、资源禀赋、国际义务、决策程序、公众认知、技术水平六个方面进行分析。梳理欧盟国家的新能源政策框架，有助于了解各国新能源政策的基本背景和异质性（Danyel et al.，2004）。

3.1.2.1 概念界定

欧盟各国对可再生能源的界定有所不同。例如，在水力发电方面，许多欧盟国家认为水力发电是可再生能源；但是，德国、荷兰等国没有将某些水电项目纳入可再生能源的扶持范围。在垃圾焚烧发电方面，德国、希腊没有将垃圾焚烧发电作为可再生能源的来源；但是，在比利时，垃圾焚烧发电是其主要的可再生能源来源。

3.1.2.2 资源禀赋

不同国家的地理条件和能源资源禀赋的差异从以下三个方面影响能源

---

① 数据来源：https://www.irena.org。

的生产和利用：

第一，不同的地理位置使得各国拥有不同的能源资源禀赋。各国地理位置不同，直接导致各国拥有的可再生能源资源禀赋也各有差异。例如，在水力发电方面，葡萄牙、芬兰、西班牙、意大利、法国、奥地利因其充沛的降水为水力发电提供了较好的基础，使得这些国家在该领域处于领先地位。在太阳能发电方面，欧盟南部国家的太阳能利用情况比欧盟北部国家更具优势，如希腊的光热利用效率在欧盟国家中处于领先地位，欧盟三分之一的光热设备都部署在希腊；而瑞典则不具备光热利用的基础条件。

第二，新能源的便利性和可获得性。除了各国可再生能源资源禀赋不同，可再生能源资源的便利性和可获得性也会影响可再生能源的发展。欧盟国家中，风能资源较为丰富的有丹麦、爱尔兰、德国。截至 2002 年 6 月底，德国风力发电机装机容量 9 841 MW，是爱尔兰、英国、法国风力发电机装机容量合计（780 MW）的 12 倍，但是，由于爱尔兰丰富的风力资源，其风力发电量是德国的 2 倍。

第三，传统化石能源的便利性和可获得性对可再生能源存在影响。例如，荷兰在本国可获取天然气和石油，随着传统化石能源缺乏和可再生能源成本降低，荷兰使用可再生能源的积极性得到提升。葡萄牙的传统化石能源主要依赖国外进口，这激发了葡萄牙发展可再生能源的动力。

3.1.2.3 国际义务

欧盟促进可再生能源发电的政策对所有欧盟国家来说都是一个较大的挑战，政策要求发达国家提升可再生能源比例。欧盟促进可再生能源发电的政策将在德国等发达国家推行先行试点，以起到一定的示范作用和推动作用。

按照《京都议定书》达成的协定，到 2012 年，欧盟十五国的温室气体排放总量将在 1990 年的基础上削减 8%。欧盟各国将依据自身能源发展的情况参与到国际合作当中，先行者必然起到一定的示范和带头作用；而后来者也将积极参与其中，并承担相应的减排义务。

3.1.2.4 决策程序

新能源发展的障碍之一是繁冗的决策程序。例如，荷兰、西班牙等国家的决策程序比德国的决策程序更加复杂，需要耗费更长时间。

德国在建造风力发电场前，仅要求电厂规划中明确表明电场选址的可行性，从而为电场修建提供基础和保障。而在荷兰，获得建筑许可则非常困难，因为建筑许可同时要求建筑和环境的双重许可，修建电场涉及改变当地的空间规划，电场修建过程中还会产生诸多环境污染，包括空气污染、水污染、噪声污染等。所以，修建电场会对当地民众原有生活、工作环境造成负面影响，必然会受到当地民众的抵制。而执政当局可能会因此中断或放弃原有的修建计划，这势必给当地新能源产业发展带来阻碍。

在西班牙，获得风力发电场的建筑许可通常取决于环境评估的结果。例如，当风力发电场开发商投资的建设项目涉及社会公共福利用途时，就需要长期的环境影响评估。这使得投资方难以做出决策，一方面，涉及社会公共福利用途的项目能减少来自社会公众的排斥和阻力；另一方面，由于需要长期的环境影响评估，这无疑加重了投资方的资金压力，提高了新能源投资壁垒。

由此可见，决策程序是影响新能源产业发展的主要宏观因素之一。各国的决策程序及决策效率对该国新能源产业发展有重要的影响。

3.1.2.5　公众认知

虽然民意调查显示公众对使用新能源的态度是积极的，但这种态度似乎是视情况而定的，即具有一定的"邻避效应"。例如，风力发电场附近的民众对修建风能项目有较强烈的抵制情绪，他们认为风力发电场的修建会造成视觉干扰、噪声污染、土地贬值、辐射人和动物、对当地旅游业带来负面影响等诸多问题；而没有居住在风力发电场附近的民众则可能会支持项目。

关于民众对新能源的接受程度，一个关键的问题是人们能否在开发和使用新能源的过程中获得收益。例如，丹麦的风力涡轮机联营模式就提高了民众对风能的接受程度，德国也是如此；葡萄牙、法国和西班牙的小型联营水电站比大型公司的水电站更受当地居民欢迎；荷兰和爱尔兰通过税收减免政策提高了民众对新能源使用的接受程度，从而降低了新能源项目修建过程中的额外成本。

3.1.2.6　技术水平

一些欧盟国家的新能源发电发展受到电网容量的限制。例如，法国的电网最初的设计未考虑接收分散生产的新能源电力，而是主要考虑用于分配集中生产的电力，这给新能源发电发展造成了不利的影响；瑞典的风电发展受到一定限制，其原因是当地电网需要进一步改造和加强，才能部署更先进的风电发电机组；在西班牙，如果不对电网采取扩建措施，其风力发电目标就难以实现，预计最多只能完成目标的50%。解决上述问题的根本办法是通过融资的方式募集资金对电网进行改造，因此融资在新能源产业的发展过程中具有重要地位。电网的改造升级对新能源发电发展至关重要，其改造升级可以有效扩大电网容量并降低用户成本，同时还能引入公平和透明的第三方电网接入监管机构（Bechberger et al.，2003）。

由此可见，从生产到消费，能源技术水平与新能源产业的发展息息相关。

3.1.3　国外新能源政策的演变与发展

3.1.3.1　欧盟

在欧盟新能源产业发展的过程中，新能源政策工具发挥着关键作用。促进新能源发展的主要政策工具有上网电价、配额、招标和免税等，通常，由国家决定使用一种政策工具或组合政策工具。例如，奥地利使用补贴计划、贷款支持、免税、宣传等组合政策工具。

欧洲风能协会（EWEA）强调适当监管和支持上网电价在促进新能源产业发展过程中的关键作用。例如，居于全球风电装机容量领先地位的德国和西班牙都有上网电价；在丹麦，几乎所有的旧装机都基于上网电价。德国、西班牙等国通过上网电价政策促进了风力发电和光伏发电电力使用量的增加，从而推动了其新能源产业的发展。

德国新能源产业的快速发展归功于两个方面的政策支持：其一，德国的上网电价通过相对较长时期（20年）的稳定电价为投资者提供长期保障；其二，德国执行了"十万屋顶计划"等强有力的财政补贴政策。

西班牙实行固定电价、市场电价两种绿色电力价格政策。固定电价保证电价全年保持不变。市场电价以溢价形式向发电商支付电力市场费用和额外的生产性奖励。两种电价方案每年都由政府根据市场对来年的预测进行调整。与德国模式相比，西班牙模式仅向投资者提供不超过5年的担保，且合同到期后需要续签。西班牙风力发电的成功除了政府推广，另有其原因。例如，引导风力发电场开发商进行特殊领域投资以符合经济发展和社会福利的要求（Bechberger，2002；McGovern，2002）。

希腊风力发电政策为投资者提供 10 年合同期限的保障，且投资者具备优先续签权。与西班牙相比，长期合同保障和续签权能够为投资者提供更稳定、更高的投资回报率。但是，从装机容量来看，希腊的风电装机容量与德国、西班牙的差距较大，其烦冗的行政审批手续可能是造成这种差距的原因之一。

荷兰虽然提供多种税收优惠政策，但是这些优惠政策具有不稳定性，这种不稳定性会给投资带来负向影响。另外，荷兰采取的无差异税收优惠政策，并没有针对新能源细分领域制定专门的税收优惠政策。荷兰的光伏市场增长速度明显落后于德国。

3.1.3.2 美国

美国的能源政策受到来自不同政治党派的干扰，这对政策的稳定性和可预测性造成负向影响（Eli，2011；Konisky et al.，2016；Caldwell，2013；Jeff，2011；Berardo et al.，2018；Calmes，2012；Tahiya，2017；Anderson et al.，2017；Aldy，2017；Lesser，2017；Guliyev，2020；元简，2014；元简，2017；元简，2018）。赵行姝（2020）认为，美国政府的能源政策，对内表现为"为油气松绑"，以扩大美国本土油气产能；对外表现为"为油气促销"，以增加美国油气产品的出口量。其政策本质是将能源实力转变为能源权利，通过页岩气革命带来的油气产能，形成美国的能源影响力或领导力。元简（2014）认为，美国是两党执政，反对党可能会将执政党的政策视为其试图干扰正常的市场秩序，甚至取代市场竞争的手段，因此执政党在采用政策时常面临较大风险。这种争议带来的执政压力使得相关政策在制定和实施之前，以及进行过程中都需要理论支持和政策依据。

美国新能源产业自 2009 年以来一直保持快速增长，且技术进步促使成本大量下降。成本优势是美国新能源产业快速发展的主要驱动力，尤其是在美国页岩气革命之后，随着天然气供应的增加和价格优势，美国的电力批发价格持续下降。从可获得性和经济效益的角度来看，这并不利于美国新能源产业的发展。但是,在这种背景下,美国风能和太阳能产业依然保持较强劲的增长势头,说明美国新能源产业市场竞争力在不断增强。

本书梳理已有文献发现,与欧盟国家不同,美国的新能源政策有其独特的演变和发展过程,具体可从三个方面来理解。

第一,美国新能源政策是"地方先行""自下而上"的。元简(2014)认为,在发展新能源政策方面,美国地方政府明显走在联邦政府前面,且取得了较为显著的效果。地方政府执政受党派干扰因素较小,因此相较于联邦政府其执政更稳定。"地方先行""自下而上"是美国新能源政策发展的重要特征(Meckling,2011),主要表现在以下三个方面:

表现一,地方政策先于国家政策。例如,美国国会早在2003年就收到建立限制排放和碳交易体制相关的提案,但立法进程一直到2009都没有明显进展[①];相比之下,加利福尼亚州于2006年就立法确定建立全国首个限制排放和配额交易体制[②],这一体制覆盖经济各领域。

表现二,新能源政策的主要动力、关键落脚点是经济利益。对于地方政府而言,这关系到对地方经济增长、就业机会等相关问题的考量。对于风能、太阳能资源丰富的州来说,这种情况更为明显。以得克萨斯州(以下简称"得州")为例,共和党对气候变暖持质疑态度,政府与社会对气候问题关注少于其他各州。且得州传统化石能源集团极具影响力,从政府态度、社会支持的角度来看,得州均不具备发展新能源的良好基础;但是,由于风力发电能给得州经济增长带来利好且创造更多就业机会,在经济利益的驱动下,得州风力发电位居美国第一。

表现三,消费支持政策。美国自2011年起屋顶光伏产业得到快速崛起和发展。政府采取余电入网、安装费折扣返还、购置设备金融支持、税收减免、允许第三方从事设施租赁业务等消费支持措施提高屋顶光伏设备的销量;同时,也将中等收入家庭纳入新能源消费主体,从而为新能源需求持续性增长奠定市场基础。

第二,美国新能源政策在政府助力下开创政府扶持新局面。其主要表现在以下三个方面:

---

① 资料来源:《美国清洁能源与安全法案》。
② 资料来源:《全球变暖解决方案法》。

表现一，开创政府扶持新局面，推行经济刺激方案。奥巴马政府于2009年提出了《美国复苏和再投资法案》（ARRA），该法案为风电、光伏发电，以及与新能源发展关系密切的相关领域的技术研发和商业应用项目提供了大规模的资助和政策优惠。

表现二，开创政府扶持新局面，扶持重点企业。奥巴马政府着重扶持一些掌握先进技术的企业，帮助企业发展、扩大制造产能，以激发这些技术先进企业在商业应用领域的带头作用。扶持手段主要包括税后返还、贷款担保等，以帮助这些企业降低生产成本、控制投资风险，从而鼓励一批企业扩大生产，进而从生产端推动新能源产业的发展。

表现三，开创政府扶持新局面，从发电企业减排入手，推动能源结构的改变。2013年，奥巴马政府出台《美国总统气候行动计划》，全面限制美国发电企业碳排放。美国发电企业碳排放量接近全国总排放量的40%，其中大部分来自以煤炭为燃料的电厂。在碳排放管控的背景下，新能源发电的优势得以凸显，从而为新能源产业发展提供了动力。

第三，认识美国新能源政策，要避免误读2017年美国退出《巴黎协定》后对新能源政策的态度，即不能将美国退出《巴黎协定》误读为美国放弃发展新能源。从技术角度来看，美国新能源产业已具备全球竞争力；从发展自主权来看，美国宪法规定州政府享有自主权，因此美国各州新能源发展也具有自主权。从经济利益来看，美国各州，尤其是新能源资源丰富的州，必将保持积极发展新能源及相关产业的态度和趋势（卢愿清 等，2017）。美国通用电气公司（以下简称"通用"）是全球为数不多的拥有全面风电关键技术的公司，其拥有陆上风机核心技术、海上整机技术、水电及全系列燃机技术。美国能源局曾预测，到2022年，风电和太阳能发电将成为美国最具竞争力的新能源电力。此外，美国也是全球最早利用核能的国家，美国核能发电量居全球第一。美国新能源政策的发展模式是渐进式的，这种发展模式是逐步推进、"自下而上"聚集起来的发展趋势，不会因执政党的轮换而轻易被废弃或者逆转。同时，美国拥有一批新能源明星企业，如通用、特斯拉等，这些企业掌握的新能源领域核心技术，为美国发展新能源提供了强有力的支撑。

3.1.3.3 日本

日本是能源消费大国，但自然资源极度匮乏。为降低对能源进口的依赖、保障能源安全，日本自 20 世纪 70 年代开始，不断开发并推进其新能源的开发利用，并取得了长足的发展。为营造良好的制度环境，日本政府在新能源战略引领、政策支持、法律保障等方面起到了无可替代的主导性作用（尹小平 等，2019）。

第一，战略引领的作用。日本政府通过制订经济计划来实施战略引导。20 世纪 70 年代的"阳光计划"对日本新能源发展具有里程碑意义。该计划首次全面并系统地制订了日本新能源的发展规划，开辟了日本能源的结构性转变路径。这一计划是日本新能源长远规划的第一步，也为日本新能源开发利用奠定了基础。如果说"阳光计划"是日本政府主动出击，那么，1987 年提出的"月光计划"则是应对能源危机的被动反应，同时也得到了社会的广泛响应和支持。在国家层面，日本制定了《节约能源法》等法律并给予财政支持促进新能源技术的开发利用。在民众层面，市民通过节能活动配合国家计划的实施。通过此计划，日本能源利用效率达到了世界先进水平。1993 年"新阳光计划"（能源和环境领域综合技术开发推进计划）围绕新能源技术的研发和应用，并强调商业化、环境保护和经济增长。自 1993 年启动开发新能源到 2020 年，日本新能源技术开发总经费近 1.6 万亿日元（尹小平 等，2019）。1994 年日本颁布"新能源扩大大纲"，明确了日本新能源开发利用的总体思路和目标，并列出未来 6 年指标达标的情况。日本还通过了《能源政策基本法》，为新能源计划的实施提供法律保障，该法规定每隔 3 年制订一次"能源基本计划"，确定新能源政策的基本方针。

第二，实施政策支持的作用。日本政府通过额度较大、形式多样的财税和金融政策对相关主体提供支持。①财政补贴主要有供给端投资补贴和终端消费补贴。在供给端投资补贴方面，日本政府为促进相关企业开发利用新能源，每年发放奖励性补助金并优化财政补贴的资金渠道。例如，用进口石油征税作为财政补贴资金的支出构成。这种支出构成在保障财政支持的同时更好地体现了财政补贴专款专用的特点。在终端消费补贴方面，为了鼓励个人及家庭使用新能源作为其家庭能源消耗的主要来源，2009 年日本新能源电力补贴政策规定，家庭用户消耗 1 千瓦时新能源电力将获得政府提供的 9 万日元直接补贴。随着新能源的发展，日本财政补贴一直保持在较高水平（尹小平 等，2019）。②金融政策主要通过鼓励新能源领域的投资来加快新能源企业的发展。日本政府通过为新能源企业提供企业贷款优惠、为新能源项目提供优惠支持条件、为企业投融资提供风险控制工具以及鼓励民间资金流入新能源开发领域来提高民间资本投资新能源的积极性。③税收政策主要强调过程中的政策倾斜。日本政府为推动新能源开发利用，在新能源领域实施较轻税收制，税收优惠形式多以间接税收为主。

第三，提供法律保障的作用。日本政府为了促进新能源开发利用，制定了覆盖能源综合、能源利用和能源节约等各个领域的法律法规。

第四，对民众和企业进行引导和教育的作用。日本政府通过道义启发和劝说等方式对民众和企业进行引导和教育，逐步增强民众和企业的环境保护和新能源生产消费的意识。此外，日本政府还利用社会宣传和学校教育的方式，加大新能源开发利用的教育宣传力度，树立全民理念，为形成良好的全社会参与新能源开发利用创造基础，从而实现开发阶段和利用阶段协调发展和有机结合，最大限度地调动民众和企业参与新能源开发利用的积极性。

3.2　中国新能源政策的起源与发展

3.2.1　中国新能源产业现状

3.2.1.1　中国风力发电产业发展现状

中国风电产业发展可以追溯到 20 世纪 90 年代，风电机组也从最初的国外引进转变为 1995 年中国首次提出风电机组国产化政策。2004 年之前，中国风电机组基本处于实验和科研阶段，产业发展不具备规模条件。在国家政策的扶持下，中国风电机组制造能力不断攀升，风电产业也形成了一批具有国际竞争力的风电企业，如金风科技、华锐风电、明阳智能、联合动力。从市场规模来看，中国自有品牌风电机组发展迅速，新装机、累计装机的自有品牌市场份额大幅提高。风电机组制造是资金密集型产业，中国风电机组制造企业的性质包括国营、民营、外资及合资。自 1995 年提倡风电机组制造国产化以来，中国风电机组制造成本持续下降，风电技术创新能力有所提高；但是部分核心技术有待突破，个别风电机组的核心部件仍依赖进口。另外，中国风电资源丰富，但开发还较少。在国家政策扶持下，中国风电产业未来发展空间较大。

3.2.1.2 中国光伏发电产业发展现状

太阳能资源是新能源当中蕴藏最为丰富的，如果能够高效利用，那么足以满足全球能源消耗总需求。中国太阳能资源主要分布在青藏高原地区、西北地区等，这与中国用电负荷主要集中在东南沿海地区形成"错位"现象。根据太阳能利用的原理、用途和技术路线的不同，我们可以将其划分为四种利用方式，即光热利用、光电利用、光化利用、光生物利用。经过近年来的发展，太阳能利用的技术效率有所提高，成本有所下降；但是，太阳能的不稳定性和分散性特征使其难以替代传统化石能源在能源消费总需求中的地位。而且，目前中国的太阳能产业还不能实现完全的清洁生产。例如，产业上游的多晶硅冶炼及原材料制造环节就是高污染、高耗能环节。虽然已有相关技术可以做到多晶硅冶炼环节的清洁生产，但是相关技术基本被国际巨头垄断，且国内难以引进相关技术，也就不能实现清洁生产。另外，过去中国光伏产业制造、研发基本以欧洲市场标准为主，而欧洲的安装环境与中国的安装环境差异较大，这导致中国发电效率的损失。因此，根据中国不同区域的环境特征设计出适用于中国安装环境的产品，是现阶段中国太阳能产业及光伏企业需要攻克的技术难关之一。

3.2.1.3 中国生物质能发电产业发展现状

生物质能是利用有机废物、自然界有机植物、粪便等转化的能源。例如，农作物秸秆、农产品加工剩余物、林业剩余物、能源植物、生活垃圾、有机废弃物、畜禽粪便等都可以转化为生物质能。

一些学者关注了中国生物质能的发展（方行明 等，2006；刘险峰 等，2009；李艳芳 等，2009；王圣 等，2018）。中国生物质发电主要有沼气发电、垃圾焚烧发电和农林生物质发电。截至2017年年底，中国共投产生物质发电项目747个，年发电量794.5亿千瓦时，并网装机容量1 476.2千瓦。其中，沼气发电项目年发电量22.0亿千瓦时；生活垃圾焚烧年发电量

375.2 亿千瓦时；农林生物质年发电量 397.3 亿千瓦时。虽然通过燃烧秸秆、薪柴等生物质能获取能源的做法在中国经历了上千年，但是与发达国家相比，中国生物质发电仍然面临着技术水平较低、关键设备依赖进口、缺乏专业的可操作的生物质发电规划等问题。

3.2.1.4 中国核电产业发展现状

核电因其供电能力强、碳排放低等特点受到世界各国青睐。从 1942 年世界第一座核反应堆在美国建成至今，世界经历了 1979 年三哩岛核事故、1986 年切尔诺贝利核事故和 2011 年福岛核事故。这三次严重的核事故引发了国际社会关于核安全的激烈讨论和质疑，导致核电发展速度放缓。但是，世界各国均未放弃对核电的利用。

1994 年中国第一座核电站——秦山核电站建成投产，结束了中国无核电的历史。中国核电发展起步较晚，发展经验不及美国、法国、日本等国。尤其是在 2011 年福岛核事故之后，中国政府立即对国内核电站启动了全面的安全检查，直至 2012 年才重启核电建设项目①。中国核能行业协会发布的《中国核能发展报告（2020）》显示，截至 2019 年年底，中国运行核电机组达 47 台，总装机容量 4 875 万千瓦，仅次于美国、法国，位居全球第三；中国在建核电机组 13 台，总装机容量 1 387.1 万千瓦，在建机组装机容量保持全球第一。2019 年，中国核能发电 3 481.31 亿千瓦时，同比增长 18.09%。从核能科技创新来看，中国通过大力推动先进核技术研发，已形成钠冷快堆、钍基熔盐堆、铅基快堆、聚变堆等先进反应堆系统。从区域来看，中国核电发展主要集中在中东部地区，以广东、浙江为主，沿海一带形成雁阵模式，并开始向长江流域延伸（徐步朝 等，2010）。

3.2.2 中国新能源政策的制度框架

中国新能源发展起步晚于欧盟和美国，近年来中国新能源产业得到了迅速的发展。中国已经成为世界上太阳能发电和风电装机容量最大的国家，且是世界上新能源汽车保有量最多的国家。随着新能源的快速发展，中国的新能源也面临着突出的问题，如过度依赖财政补贴、弃风弃光等问

---

① 2012 年《核电中长期发展规划（2011—2020 年）》发布。

题。有学者针对这些问题进行了分析，并提出了转变补贴方式、推出配额制等政策建议（林伯强，2018）。本书借鉴 Reiche 和 Bechberger（2004）的分析框架，从概念界定、资源禀赋、国际义务、决策程序、公众意识、技术创新六个方面梳理中国新能源发展现状。

3.2.2.1　概念界定

新能源又称非常规能源，是指传统能源之外的各种能源形式，包括太阳能、风能、生物质能、地热能、核聚变能、水能、海洋能、氢能等。相较于传统能源，新能源普遍具有污染少、储量大的特点，对解决当今世界严重的环境污染问题和资源消耗问题具有重要意义（刘纪显 等，2010）。

3.2.2.2　资源禀赋

首先是地理位置因素。新能源资源禀赋与总体需求呈现区域倒置的现象（林伯强，2018）。从电力需求来看，中国电力需求主要集中在东部沿海地区，呈现出从西北方向到东南方向逐步增加的现象。其中，广东、江苏、山东是中国电力需求最大的三个省。从资源禀赋来看，中国风能资源主要分布在东北、西北、华北、东部沿海、青藏高原及海上地区。其中，陆上风能资源最为丰富的内蒙古、新疆和甘肃都处于经济欠发达地区。中国区域电力需求与风能资源区域分布错位的现象带来了风能资源开发利用的难题和远距离运输的问题。

其次是能源消费结构。中国能源消费长期以煤为主，且能源需求总量较大。随着经济的发展，中国能源消费总量迅速增长；同时，因能源消费而产生的二氧化碳排放也在迅速增长。气候变暖问题受到人们的广泛关注。中国面临着较大的节能减排压力，已有的能源消费结构给中国推动新能源发展带来了挑战。

3.2.2.3　国际义务

为了解决全球温室气体排放增加、全球气候变暖等问题，1997 年 12 月，在日本召开的《联合国气候变化框架公约》缔约方第三次会议通过了《京都议定书》，并于 2005 年正式生效。作为国际性气候合作计划，《京都议定书》确立了三大灵活交易机制："排放交易""联合履行""清洁发展机制"。其中，清洁发展机制使得发展中国家可以与发达国家在碳减排方面进行合作，共同面对全球气候变暖和气候变化的问题。

清洁发展机制（clean development mechanism，CDM）是中国与世界各国进行新能源国际合作的重要途径（闫世刚，2012）。其主要内容是：工业化发达国家获得减排的同时促进发展中国家新能源的发展。其具体方式是：工业化发达国家可以向发展中国家提供项目投资或先进能源技术以获得减排；或者直接从发展中国家购买减排，即核证减排量（certificated emission reduction，CER）。

中国是一个传统化石能源生产和消费大国，过去以煤炭、石油、天然气为主的传统化石能源占据了全部能源生产和消费的绝大部分，而新能源的生产和消费占比相对较小。但是近年来，中国新能源的生产和消费逐年上升。《京都议定书》的生效对中国新能源的生产和消费发挥着重要促进作用。中国 CDM 项目基本上分布在节能环保和新能源领域（刘纪显 等，2010）。因此，中国每增加一个 CDM 项目和每交易一个 CDM 项目都会对新能源的开发利用产生促进作用；而新能源的开发利用又可以创造更多的 CDM 项目，两者相互促进相互影响。中国通过 CDM 积极参与国际碳排放权贸易，有助于自身获得发达国家提供的资金和先进技术，特别是能源技术的转让，有助于实现原有技术水平无法实施的项目，从而促进社会经济和环境的可持续发展。

3.2.2.4　决策程序

中国新能源发展面临着能源消费总量大、以煤为主的能源结构、环境容量约束、经济发展转型、新能源资源禀赋与总体能源需求区域倒置等外部性问题。因此，中国新能源发展政策的制定至关重要，有必要充分学习欧盟、美国、日本等地区和国家新能源发展的先进经验，并结合中国国情制定适合中国的新能源发展政策，以应对中国新能源发展的外部性问题。

3.2.2.5　公众意识

中国居民能源消费是继工业部门之后的第二大能耗主体，公众能否做出合理的、理性的行为选择，对中国绿色经济发展至关重要。已有研究发现，居民能源消费呈现区域性特征、家庭特征、个体特征（彭皓玥 等，2019）。公众对环境的关心能够对其能源消费选择产生驱动力。构建生态文化、确立企业在节能技术创新中的主体地位、强化"后物质主义"的消费价值观、增强公众对能源终端消费经济效应的感知，将有助于将环境关心转化为驱动力，从而实现在公众能源选择过程中经济利益追求与社会生态利益的一致性。

方行明等（2018）从公众对能源的关心程度、对能源知识和能源国情的了解程度、对能源问题的看法、对用电问题的反映以及对核能的态度等方面进行了调查。研究发现，大多数受访者对能源问题比较关心，且具有一定的能源知识，但对能源的国情了解程度不够；对能源问题的看法和用电问题比较理性；对发展可再生能源持支持的态度，也愿意为可再生能源的使用承担一定的费用；对核能的发展是积极支持的。

全球新能源汽车产业发展的实践表明，公众意识的培育和提升对产业发展至关重要。例如，李苏秀等（2017）的研究发现，新能源汽车领域的公众意识培育关键缺口在于公众意识与政策实施效果、技术与产品性能、环境价值与环境效益等方面存在较大差距。中国可以结合国际经验和中国实践，从完善政策体系及其实施效果、推广新技术和新产品并鼓励商业模式创新、开发示范项目以提升环境价值三个方面来培育和提升中国新能源汽车领域的公众意识，从而助力中国新能源产业发展。

3.2.2.6 技术创新

新能源发展的第一动力是技术创新。技术创新可以保证现代化能源系统在未来更具有竞争力和可持续性（郝素利 等，2020）。新兴产业的出现常伴随着新技术的产生和应用（卢超 等，2014），目前，世界各国纷纷将新能源和信息技术作为重点发展的领域，并集中关注新能源领域高端技术的研究，且已经取得许多技术成就。进入 21 世纪后，科技革命的新时代已经来临，一些技术取得了革命性的突破，在这场革命中，既要有需求的拉动，也要有创新的驱动。中国《可再生能源发展"十三五"规划》强调，要建立一个清洁、低碳、高效的现代化能源系统来开展一场技术革命。由此可见，技术创新是能源行业发展的根本动力，是提高能源利用率、增强能源安全性的必要手段（李晓红 等，2019）。

许多学者对技术创新与新能源发展进行了分析。莫神星（2018）指出，在建立现代化能源体系的过程中，应充分发挥技术创新的引领作用，为其提供动力基础。任海军和赵景碧（2018）从内生增长视角分析了技术创新、结构调整与能源消费的作用机理。李华晶等（2017）研究了新能源上市公司的绿色技术创新绩效。李苑艳等（2018）对生物质能源产业中的创新政策进行了理论与实证研究。陈庭翰（2018）提出了汽车产业整体发展的主要影响因素是技术创新能力和产业发展的不协同现象。张清辉和陈云伟（2018）对新能源汽车的创新程度进行了分析，并为企业进入市场的时机提出了相关建议。

3.2.3　中国新能源政策的演变与发展

中国新能源的快速发展，得益于政府制定的能源支持政策的有效执行和能源发展目标的顺利达成，这显著地推动了新能源发展和能源结构转型。但仅仅依靠政府调控，是无法完全解决新能源的外部性所引起的供给不足、能源产业产能过剩等问题的。因此，采用市场化手段，建立合理的定价机制，对新能源健康发展非常必要。林伯强（2018）指出，如果2020年能够完成非化石能源占一次能源比例15%的总量目标，那么在低能源需求的背景下可以考虑推行"配额制"。配额制与上网电价政策是支持新能源发展的两大机制。其中，配额制是在电力市场化的基础上，由政府制定配额，由供电企业、发电企业作为承担主体。这种运作机制可以优化资源配置且保障配额可交易；但是，配额制在中国的可操作性需要结合电力市场改革进程来判断。上网电价则是通过直接定价的方式使投资者获得可预期的稳定收益。

3.2.3.1　中国新能源的财政支出和税收政策演变与发展

财税政策包含政府直接投资、税收优惠、财政补贴、政府采购，在新能源产业发展的过程中，政府根据产业发展的阶段性特点采取相应的财税政策将有助于产业的稳定发展。政府的微观经济职能体现在对资源配置和收入分配的影响上（Rosen et al.，2009）。在市场失灵的情况下，市场配置不能达到最优，因此需要政府通过政策手段运用政策工具进行干预和弥补。财税政策通过收支活动为新能源产业的发展提供资金，引导资金流入新能源产业，从而实现对资源的优化配置。

（1）政府直接投资

中国的新能源财税政策反映了国家对新能源产业发展的重视和规划。政策的制定经历了一个逐步调整完善的过程。新能源产业作为战略性新兴产业，其生产投资成本大、技术不稳定、市场不成熟、收益不确定，因此在前期，政府直接投资所占的比重较大。例如，风电产业具有资本密集型的特点，其主要投资者为中央企业和地方国有企业。在生物质发电产业中，50%以上的企业是国有企业。在投资主体较为多元的太阳能发电产业中，民营企业在制造环节表现得较活跃，但在应用市场上国有企业仍然占据主导地位（史丹，2015）。

（2）税收优惠

税收政策按照效果分为正向激励税收政策和反向激励税收政策。其中，正向激励税收政策又分为直接方式（减免税收、降低税率等）和间接方式（加速折旧、税前扣除、纳税递延等）。反向激励税收政策通过对传统能源产业征收环境税来限制传统能源的消费，并激励传统能源企业开发清洁技术，从而减少二氧化碳和二氧化硫的排放。

（3）财政补贴

财政补贴可以分为生产者补贴和消费者补贴。生产者补贴是通过投资补贴和产品补贴的方式，帮助企业降低生产成本、增加产量、扩大市场规模，以减少企业利润的不确定性，从而调动企业投资积极性并促进技术创新。而消费者补贴则是通过支持新能源分布式设备的安装和提供用户补贴，推广新能源的应用市场。

（4）政府采购

公众对新能源的认知不仅会影响新能源应用的接受程度，还会影响新能源产业的发展。政府采购能够形成一定的示范作用，有助于提高公众对新能源的认知水平，从而促进新能源产品国内应用市场的开拓并助推新能源消费的热潮。

3.2.3.2　中国新能源投融资政策演变与发展

（1）财政贴息

在新能源产业发展初期，中国政府为了推动新能源的产业化，实施了一系列财政贴息政策。例如，针对农村大中型沼气、光伏发电、蔗渣发电等项目的专项贴息贷款，针对利用国产化设备项目的贴息贷款，针对引进国外先进技术项目的贴息贷款，等等。

（2）银行贷款

银行贷款是中国新能源发电项目基建的主要融资渠道。2013年，为了支持分布式光伏发电，国家开发银行为其投资主体提供贷款，且以中长期贷款为主，最长期限可达15年。此外，中国新能源发电项目还积极尝试获取国外金融组织的支持。例如，上海崇明、南汇风电场是中国第一个获得世界银行贷款支持的风电场项目，贷款金额达1 300万美元；2009年，河南信阳风电场获得欧洲投资银行贷款支持，贷款金额达6 000万欧元；2011年，为了支持私营部门参与北方风电场开发，亚洲开发银行提供了2.4亿美元的贷款支持。

4 中国新能源政策短期微观经济效应研究：基于新能源上市公司股价波动的实证分析

理论与现实均已证明：产业政策具有显著的信息效应，会对股票市场产生显著影响。相较于未受产业政策支持的上市公司，信息效应使得产业政策能有效降低受支持上市公司与投资者之间的信息不对称程度，从而给市场传递一种积极信号。按照有效市场理论，股价必然会对该信号做出反应，即产业政策的颁布必然会带来股价的波动。

部分学者对新能源政策进行了分类研究（Polzin et al.，2017；Fischer et al.，2010；吴文建 等，2013）。Polzin 等（2017）把新能源政策的政策工具细分为财政补贴、税收优惠、投资融资、配额管理、市场定价、市场监管等。补贴、税收等政策工具能有效调整产业间的资源流动，从而实现对资源的优化配置（谭劲松 等，2017）。这种资源优化配置的结果使得受政策支持的企业能获得更多的优质资源并降低经营成本，从而提高相关产业的发展预期（Chen et al，2013）。

新能源政策制定和颁布的目的之一是通过对资源的优化配置，促进新能源产业发展。本章运用事件研究法，研究新能源政策颁布后新能源上市公司股价的波动，进而论证新能源政策能否有效引导资金流入新能源产业，从而实现对资源的优化配置。

4.1 理论分析与研究假设

一些研究侧重分析突发事件与股价波动之间的关系（王彩萍 等，2009；龚枢 等，2012；Ferstl et al.，2012；韩佳彤 等，2019；赵静梅 等，2014）。王彩萍和徐红罡（2009）以人为事件和非人为事件为例，通过研究事件前后中国旅游企业价值的变化，分析重大事件对中国旅游企业的影响。研究发现，事件从空间维度来看有局部事件和全局事件，从时间维度来看有长期事件和短期事件，且事件对中国旅游企业的冲击强度在不同细分行业之间存在差异。例如，事件冲击的影响强度在景区、旅行社和酒店各部门之间存在差异。龚枢和陈永丽（2012）研究了福岛核事故对中国经营核电业务的电力企业的影响，发现福岛核事故在中国证券市场具有信息传染效应。Ferstl 等（2012）通过研究日本福岛核事故对日本、德国、法国和美国的核设施和替代能源企业股价的影响，分析福岛核事故对核电企业和其他替代能源企业的影响。研究结果显示，日本核电企业存在显著的异常收益；德、法核电企业和替代能源企业也存在异常收益；而美国核电企业和替代能源企业则没有出现显著的异常收益。赵静梅等（2014）分析了突发事件对股市的影响效应，研究将突发事件分为人为事件和非人为事件，并比较了两类事件的影响效应。研究结果表明，突发事件对事件发生所在地的上市公司股价造成显著为负的冲击，且非人为事件给股市带来的影响时间更长。

一些学者对上市公司的市场行为与股价波动之间的关系进行了研究。陈淡泞（2018）讨论了中国上市公司发行绿色债券对股价和短期市场效应的影响，发现绿色债券的发行能够引起积极的市场反应，即能够给上市公司股价带来显著为正的异常收益。由此可见，绿色债券的发行得到了市场的认可和投资者的关注。魏立江和纳超洪（2008）、章卫东（2010）研究了上市公司定向增发的经济效应。他们运用事件研究法对上市公司定向增发公告日前后超额收益的变化进行分析，发现在定价基准日前 20 个交易日内，定向增发公司存在负的超额收益（魏立江 等，2008）。

近年来，"营改增"、绿色指数、碳排放交易等政策对上市公司股价的影响成为热点问题。袁显平等（2018）从沪深证券交易所中选取部分上市公司作为样本，运用事件研究法分析了"营改增"对所涉行业和企业的影响。研究发现，"营改增"对上市公司股价波动有显著影响，但对不同行业、不同事件窗口的股价效应不同。一些研究也关注增值税税率变动对上市公司的影响。例如，刘行和叶康涛（2018）运用事件研究法分析了增值税税率从13%下调至11%对上市公司价值的影响，发现在短期内，当增值税税率降低时，股东财富显著增加。汤淳和王过京（2020）分析了绿色指数的发布能否有效引导资本，从而对市场产生影响。研究发现，样本公司在绿色指数发布前后均存在超额收益，从短期来看，绿色指数对样本公司股价的影响是显著为正的；从长期来看，平均异常收益率会随着时间的推移而下降，说明这种影响是不可持续的。

也有研究关注重要会议或文件对上市公司股价的影响。韩佳彤等（2019）运用事件研究法探究了两会前后是否存在累积平均异常收益率，进而分析中国资本市场是否存在"两会效应"。结果表明，中国资本市场存在基于两会的会议效应，且由于投资者过度关注，市场存在过度反应。李燕等（2016）选择节能环保产业作为战略性新兴产业的代表产业，从微观层面探究了2010—2014年为促进战略性新兴产业发展出台的创新政策，分析了这些创新政策对不同类型的上市公司财富效应的影响。刘海飞和许金涛（2017）采用事件研究法和文本挖掘技术相结合的方式，分析了异质性网络新闻对中国股市的短期影响。研究发现，在五类异质性网络新闻中，政策支持新闻、并购新闻、再融资新闻和上市公司盈利新闻对相关上市公司股价的影响为正；而处罚新闻对相关上市公司股价的影响为负。孙志红和卢新生（2011）从农业角度出发，选择关于"三农"问题的中央一号文件和党的十七届三中全会的惠农政策作为政策样本，分析了中国农业政策对农业上市公司股票价格的影响。研究发现，农业上市公司股票价格对中央一号文件的发布有显著的反应，说明其在农业方面的产业政策是有效的，且政策效应在短期内传递到了股市。有学者研究了光伏产业政策颁布对上市公司股价的影响。叶飞洋和贾凡胜（2016）通过观察2012—2013年部分光伏政策（"光伏国五条""光伏国六条"）颁布前后，光伏上市公司在股票市场的表现来检验产业政策是否有效。张子余和吕巍然（2018）以高新技术企业上市公司为样本，以国家火炬计划政策为背景，分析了资本市场对国家火炬计划的市场反应，发现资本市场对国家火炬计划有显著的正向响应。从超额收益的角度来看，大型高新技术企业的反应不同于中小型高新技术企业，非国有高新技术企业的累积超额收益高于国有高新技术企业。

部分学者探索了新能源上市公司股价波动的核心逻辑。温晓倩等（2012）基于非对称的（BV）GARCH模型探析了中国新能源公司股价与WTI原油期货收益波动的相关性。研究发现，随着中国新能源技术进步和新能源使用成本降低，新能源公司股价对原油市场的波动更加敏感。朱东山和孔英（2016）较早地通过深圳碳排放交易数据探析了能源价格、碳交易价格与新能源公司股价之间的关系，发现深圳碳交易价格对新能源公司股价没有显著影响。秦天程（2014）构建VAR模型和CAPM-GARCH模型，分析了新能源上市公司股价与传统化石能源价格、碳排放交易价格之间的关系，发现中国煤炭价格对新能源公司股价有显著的正向影响。碳排放交易价格的波动会影响新能源投资价值，从而对新能源上市公司股价波动有重要影响。研究还发现，新能源公司股价指数对高科技股价指数并不敏感，这一结果反映了国内新能源上市公司科技含量不足的现状以及资本市场更多关注的是新能源概念而非技术优势。吕涛和潘丽（2017）采用因子分析法对新能源上市公司成长性进行了综合评价，发现中国新能源上市公司成长能力整体较弱，且能力发展不均衡。Reboredo和Wen（2015）采用GARCH模型研究了中国新能源政策是否会对新能源上市公司股价产生影响，细分讨论了不同产业政策（能源立法、强制性目标、经济激励、技术研发等）并对新能源细分领域（太阳能、风能、核能、锂电池等）进行了讨论。他们还通过GARCH模型和虚拟变量，讨论了政策颁布前后新能源上市公司股价的波动情况。研究结果表明，能源立法对所有细分领域的新能源上市公司股价波动是抑制的；经济刺激政策对所有细分领域的新能源上市公司股价具有显著的正向影响；其他类的新能源政策对新能源上市公司股价均无显著影响。

为了促进新能源产业的发展，国家出台了一系列重要的新能源政策。

例如，2011年3月16日，"十二五"规划提出，要建立多元发展、保护环境、清洁的现代能源产业，并将核电、可再生能源列为能源建设的重要内容。"十二五"规划指出，要加强风电并网配套工程建设，并积极开发太阳能、生物质能、地热能等新能源。2011年7月24日，国家发展改革委发布《关于完善太阳能光伏发电上网电价政策的通知》。2015年7月13日，国家能源局发布《关于推进新能源微电网示范项目建设的指导意见》。

这些政策是否会对新能源上市公司股价波动造成影响？新能源政策向市场释放了明确的信号，即明确告诉市场政府将来重点支持和发展的产业方向。政策通过行政或者市场的手段来影响资本市场投资者的预期，从而引导资金流入新能源产业。本章将运用事件研究法，对政策的短期微观经济效应进行研究，并基于以上分析，提出以下研究假设：

研究假设HA1：新能源政策颁布后，新能源上市公司的股票会出现显著为正的异常收益率，表明新能源政策能有效引导资金流入新能源产业，从而实现对资源的优化配置。

4.2 新能源政策短期微观经济效应研究：基于新能源上市公司股价波动的实证分析

4.2.1 研究设计与数据来源

4.2.1.1 研究设计

（1）事件研究法

Dolly（1933）最早提出事件研究法，之后，该方法在经济类实证研究中得到不断拓展。事件研究法常被用于资本市场有效性的研究中（Myers et al.，1948；Barkay，1956；Ashley，1962；Fama et al.，1969），特别是被众多学者用来分析突发事件对上市公司股票价格的影响。根据研究的问题不同，学者们选取的数据、事件窗口和估计窗口各有不同。例如，Fama用1926—1969年的月度数据分析事件对股票收益率的影响，事件窗口为[-29，30]（危慧惠，2009）。McKay等（2012）使用的是日交易数据，估计窗口取250个交易日。Eikner（1994）选取的事件窗口为[-1，1]

和 ［-2，2］，估计窗口取 120 个交易日。

本章主要参考杨海波和李建勇（2018）的研究方法，通过以下步骤研究新能源政策颁布后新能源上市公司股票价格的波动：第一步，分别计算政策颁布后，样本上市公司在事件窗口的异常收益率及累积异常收益率；第二步，进行统计显著性检验；第三步，论证新能源政策能否有效引导资金流入新能源产业，从而实现对资源的优化配置。

本章选择新能源政策颁布日为事件日。在事件研究过程中，事件窗口延长至事件日后一个交易日和后两个交易日。为了不影响正常收益模型的参数估计，估计窗口不与事件窗口重叠。因此，本章选择 ［-180，-30］作为估计窗口。

（2）异常收益率的计算与检验

新能源政策颁布事件窗口的正常收益率的计算公式如下：

$$R_{i,t} = \alpha_i + \beta_i R_{m,t} + \varepsilon_{i,t} \tag{4-1}$$

其中，$R_{i,t}$ 为样本上市公司 i 在第 t 个交易日的实际收益率；$R_{m,t}$ 为对应的市场板块 m 在第 t 个交易日的市场收益率；α_i、β_i 为回归系数；$\varepsilon_{i,t}$ 为随机扰动项。

本章采用公式（4-1）来估计样本上市公司 i 在第 t 个交易日的正常收益率。基本思路如下：①在估计窗口，针对每一家样本上市公司，计算公式（4-1）中的参数 α_i 和 β_i；②预测每一家样本上市公司在事件窗口的正常收益率。根据以上思路，我们通过收集样本上市公司在估计窗口 ［-180，-30］的正常收益率和市场收益率，可以计算出估计窗口的回归系数 α_i、β_i，再根据 α_i、β_i 估计出样本上市公司在事件窗口的期望收益率 $E(\tilde{R}_{i,t})$。其计算公式如下：

$$E(\tilde{R}_{i,t}) = \tilde{\alpha}_i + \tilde{\beta}_i R_{m,t} \tag{4-2}$$

正常收益率是指假设未颁布新能源政策的情况下的期望收益率，而异常收益率是指新能源政策颁布事件窗口样本上市公司的实际收益率与同期正常收益率之间的差值。根据正常收益率和期望收益率，我们可以得出事件窗口的异常收益率 $AR_{i,t}$。其计算公式如下：

$$AR_{i,t} = R_{i,t} - E(\tilde{R}_{i,t}) \tag{4-3}$$

其中，$AR_{i,t}$ 是样本上市公司 i 在第 t 日的异常收益率。

以此为基础，本章选择事件窗口为$[f, v]$，我们可以得到样本上市公司 i 在事件窗口$[f, v]$的累积异常收益率 $\text{CAR}_{i[f, v]}$。其计算公式如下：

$$\text{CAR}_{i[f, v]} = \sum_{t=f}^{t=v} \text{AR}_{i, t} \tag{4-4}$$

全体样本上市公司在事件窗口$[f, v]$的平均异常收益率 $\text{AAR}_{[f, v]}$ 和累积平均异常收益率 $\text{CAAR}_{[f, v]}$ 代表新能源政策颁布对全体样本上市公司的平均影响，计算公式分别如下：

$$\text{AAR}_{[f, v]} = \frac{1}{N} \sum_{i=1}^{N} \text{AR}_{i, t} \tag{4-5}$$

$$\text{CAAR}_{[f, v]} = \frac{1}{N} \sum_{i=1}^{N} \text{CAR}_{i, t} \tag{4-6}$$

其中，f 和 v 分别为事件窗口$[f, v]$的时间起点和时间终点；N 为样本中的上市公司数量。

在计算出平均异常收益率后，本章进一步对其进行显著性检验。检验的原假设是平均异常收益率（或累积平均异常收益率）的均值为 0。检验方法通常包括参数检验法和非参数检验法两种，本章选择参数检验法[1]，在检验全体样本上市公司在事件窗口的平均异常收益率、累积平均异常收益率的过程中，我们通常考察如下统计量：

$$J = \frac{\text{CAR}_{[f, v]}}{\left[\sigma^2(f, v)\right]^{\frac{1}{2}}} \sim N(0, 1) \tag{4-7}$$

其中，$\sigma^2(f, v) = L_2 \sigma^2(\text{AAR}_{[f, v]})$。

公式（4-7）中，J 是平均异常收益率 $\text{AAR}_{[f, v]}$ 的标准差的估计量对累积平均异常收益率标准化后的结果；$\sigma^2(\text{AAR}_{[f, v]})$ 是事件窗口$[f, v]$的平均异常收益率 $\text{AAR}_{[f, v]}$ 的方差；L_2 是事件窗口的长度。平均异常收益率和累积平均异常收益率的 t 统计量的计算公式分别如下：

$$t_{\text{AAR}} = \frac{\text{AAR}_t}{\dfrac{S_{\text{AAR}_{[f, v]}}}{\sqrt{N}}} \tag{4-8}$$

① CAMPBELL J Y, MACKINLAY A C. The econometrics of financial markets [M]. Princeton: Princeton University Press, 1997.

$$t_{\text{CAAR}} = \frac{\text{CAAR}_t}{\sqrt{N} \, S_{\text{CAAR}[f, v]}} \tag{4-9}$$

公式（4-8）和公式（4-9）中，$S_{\text{AAR}[f, v]}$ 和 $S_{\text{CAAR}[f, v]}$ 分别代表事件窗口 $[f, v]$ 的平均异常收益率和累积平均异常收益率的标准差。如果检验结果显著，则说明新能源政策颁布事件给市场带来了明显影响；如果检验结果不显著，则说明市场反应温和、平稳，事件没有给市场带来显著的影响。

4.2.1.2 数据来源

（1）新能源上市公司样本的选取

本章选取具有新能源概念的上市公司作为样本。首先，剔除 ST 公司、金融类公司；其次，删除部分数据缺失的上市公司；最后，得到用于事件研究的新能源上市公司样本共计 347 个，其中深圳证券交易所（以下简称"深交所"）样本 234 个，上海证券交易所（以下简称"上交所"）样本 113 个。本章数据源于 Wind 数据库和上市公司年报。本章选择对新能源产业发展具有重要指导意义的《可再生能源发展"十三五"规划》的颁布作为研究事件。

（2）对照组上市公司样本的选取

为了保证研究逻辑的严密性，本章应用倾向评分匹配法（PSM），为新能源上市公司样本匹配了对照组上市公司样本，对照组上市公司样本的选取标准如下：

①对照组上市公司和新能源上市公司在同一个证券交易所；

②对照组上市公司和新能源上市公司在同一板块挂牌；

③对照组上市公司和新能源上市公司资产规模相近；

④对照组上市公司和新能源上市公司市值规模相近。

对照组上市公司的选取情况如下：共选取 347 家对照组上市公司与新能源上市公司进行配对。其中，深交所选取 234 家对照组上市公司，上交所选取 113 家对照组上市公司。

（3）数据说明

本章分别从上市公司挂牌的交易所、所有制性质、区域特征三个方面对新能源上市公司样本进行分类并做描述性统计。

①新能源上市公司样本

新能源上市公司样本的描述性统计如表4-1所示。

表4-1 新能源上市公司样本的描述性统计

variable	N	mean	sd	min	p25	p50	p75	max
Institution_ratio	347	41.620	22.900	0.030	21.950	41.650	59.290	92.160
Major_ratio	347	32.810	15.160	5.410	20.340	30.430	42.600	79.380
Rd_exp_ratio	347	3.503	3.118	0	1.570	3.300	4.790	34.880
ROA	347	5.728	5.336	-27.680	3.120	5.270	8.400	29.450
ROE	347	6.925	12.470	-113.700	3.240	7.160	11.490	63.820
Ratio	347	1.524	1.287	0.130	0.740	1.170	1.790	9.270
Asset	347	2.084e+10	5.455e+10	2.177e+08	2.953e+09	6.248e+09	1.562e+10	5.906e+11
Value	347	1.562e+10	2.008e+10	2.713e+09	6.755e+09	9.722e+09	1.753e+10	2.585e+11
Value_free	347	6.568e+09	6.301e+09	1.167e+09	3.210e+09	4.544e+09	7.324e+09	6.646e+10
Subsidy	347	5.205e+07	1.689e+08	0	6.473e+06	1.635e+07	3.871e+07	2.547e+09
region	347	0.683	0.466	0	0	1	1	1
Ownership	347	0.605	0.489	0	0	1	1	1
Duality	347	0.262	0.441	0	0	0	1	1
Indep	347	0.363	0.044	0.300	0.333	0.333	0.375	0.571

其中，Institution_ratio 代表样本上市公司的机构投资者持股比例；Major_ratio 代表样本上市公司的大股东持股比例；Rd_exp_ratio 代表样本上市公司的研发投资比例；ROA 代表样本上市公司的资产收益率；ROE 代表样本上市公司的净资产收益率；Ratio 为速动比率，代表样本上市公司的短期偿债能力；Asset 代表样本上市公司的资产规模；Value 代表样本上市公司的总市值；Value_free 代表样本上市公司的流通市值；Subsidy 代表计入样本上市公司非经常性损益的财政补贴；region 代表样本上市公司所在地区，region＝1 代表东部地区，region＝0 代表非东部地区；Ownership 代表样本上市公司控股股东所有制性质，Ownership＝1 代表非国有控股上市公司，Ownership＝0 代表国有控股上市公司；Duality 代表样本上市公司的董事长和总经理是否为同一人，Duality＝1 代表董事长和总经理是同一人，Duality＝0 代表董事长和总经理不是同一人；Indep 代表样本上市公司的独立董事比例。

由表4-1可以得出以下结论：

Institution_ratio 的均值为 41.620，中位值为 41.650，两者相差不大，说明样本中大部分上市公司的机构投资者持股比例较高，说明机构投资者看好新能源产业及其上市公司；Major_ratio 的均值为 32.810，中位值为 30.430，说明样本中部分上市公司的大股东持股比例较高，从而拉高了均值，也从侧面说明这部分上市公司的大股东看好新能源产业及其上市公司；Rd_exp_ratio 的均值为 3.503，中位值为 3.300，说明样本中，部分上市公司的研发投资比例较高，从而拉高了均值，也从侧面说明这部分上市公司是真正通过研发投资发展新能源产业的；Ratio 的均值为 1.524，中位值为 1.170，说明样本中部分上市公司短期偿债能力较强，从而拉高了均值；region 的均值为 0.683，说明样本中大部分上市公司位于东部地区；Ownership 的均值为 0.605，说明样本中大部分上市公司是非国有控股上市公司；Duality 的均值为 0.262，说明样本中大部分上市公司的董事长和总经理不是同一人；Indep 的均值为 0.363，中位值为 0.333，说明样本中部分上市公司的独立董事比例较高，从而拉高了均值。

②按挂牌的交易所分类

由深交所新能源上市公司样本的描述性统计（见表4-2）可以得出以下结论：

Institution_ratio 的均值为 37.010，中位值为 37.520，说明样本上市公司的机构投资者持股比例普遍较低；Major_ratio 的均值为 30.420，中位值为 28.160，说明样本中部分上市公司的大股东持股比例较高，从而拉高了均值；Rd_exp_ratio 的均值为 3.957，中位值为 3.520，说明样本中部分上市公司的研发投资比例较高，从而拉高了均值；Ratio 的均值为 1.718，中位值为 1.300，说明样本中部分上市公司的短期偿债能力较强，从而拉高了均值；region 的均值为 0.714，说明样本中大部分上市公司位于东部地区；Ownership 的均值为 0.709，说明样本中大部分上市公司是非国有控股上市公司；Duality 的均值为 0.321，说明样本中大部分上市公司的董事长和总经理不是同一人；Indep 的均值为 0.365，中位值 0.333，说明样本中部分上市公司的独立董事比例较高，从而拉高了均值。

表 4-2　深交所新能源上市公司样本的描述性统计

variable	N	mean	sd	min	p25	p50	p75	max
Institution_ratio	234	37.010	22.320	0.030	17.790	37.520	55.780	85.650
Major_ratio	234	30.420	14.100	5.410	19.720	28.160	38.820	79.380
Rd_exp_ratio	234	3.957	3.369	0	2.230	3.520	5.030	34.880
ROA	234	6.165	4.755	-8.310	3.230	5.575	8.400	29.450
ROE	234	7.894	9.048	-68.800	3.880	7.530	11.490	37.890
Ratio	234	1.718	1.424	0.150	0.810	1.300	2.050	9.270
Asset	234	1.086e+10	2.060e+10	2.177e+08	2.548e+09	4.693e+09	9.189e+09	1.860e+11
Value	234	1.193e+10	8.653e+09	2.713e+09	6.501e+09	8.571e+09	1.413e+10	6.722e+10
Value_free	234	5.487e+09	4.114e+09	1.167e+09	2.988e+09	4.128e+09	6.267e+09	2.894e+10
Subsidy	234	2.723e+07	6.366e+0743	170.820	35.882e+06	1.334e+07	2.875e+07	8.643e+08
region	234	0.714	0.453	0	0	1	1	1
Ownership	234	0.709	0.455	0	0	1	1	1
Duality	234	0.321	0.468	0	0	0	1	1
Indep	234	0.365	0.046	0.300	0.333	0.333	0.400	0.571

由上交所新能源上市公司样本的描述性统计（见表 4-3）可以得出以下结论：

Institution_ratio 的均值为 51.160，中位值为 51.610，两者相差不大，说明样本上市公司的机构投资者持股比例普遍较高；Major_ratio 的均值为 37.770，中位值为 34.330，说明样本中部分上市公司的大股东持股比例较高，从而拉高了均值；Rd_exp_ratio 的均值为 2.562，中位值为 2.360，说明样本中部分上市公司的研发投资比例较高，从而拉高了均值；Ratio 的均值为 1.123，中位值为 0.960，说明样本中部分上市公司短期偿债能力较强，从而拉高了均值；region 的均值为 0.620，说明样本中大部分上市公司位于东部地区；Ownership 的均值为 0.389，说明样本中大部分上市公司是国有控股公司；Duality 的均值为 0.142，说明样本中大部分上市公司的董事长和总经理不是同一人；Indep 的均值为 0.359，中位值为 0.333，说明样本中部分上市公司的独立董事比例较高，从而拉高了均值。

表 4-3　上交所新能源上市公司样本的描述性统计

variable	N	mean	sd	min	p25	p50	p75	max
Institution_ratio	113	51.160	21.160	1.250	34.160	51.610	67.450	92.160
Major_ratio	113	37.770	16.120	7.840	26.520	34.330	50.660	72.110
Rd_exp_ratio	113	2.562	2.261	0	0.510	2.360	3.790	11.370
ROA	113	4.823	6.300	−27.680	2.720	4.070	8.060	17.010
ROE	113	4.919	17.44	−113.700	2.060	6.260	11.470	63.820
Ratio	113	1.123	0.813	0.130	0.630	0.960	1.320	4.990
Asset	113	4.150e+10	8.759e+10	3.713e+08	5.143e+09	1.380e+10	3.466e+10	5.906e+11
Value	113	2.328e+10	3.166e+10	3.428e+09	7.608e+09	1.251e+10	2.408e+10	2.585e+11
Value_free	113	8.806e+09	8.942e+09	1.585e+09	4.017e+09	5.461e+09	9.649e+09	6.646e+10
Subsidy	113	1.034e+08	2.752e+08	0	9.774e+06	2.328e+07	7.672e+07	2.547e+09
region	113	0.620	0.488	0	0	1	1	1
Ownership	113	0.389	0.490	0	0	0	1	1
Duality	113	0.142	0.350	0	0	0	0	1
Indep	113	0.359	0.0397	0.300	0.333	0.333	0.375	0.500

③按所有制性质分类

由国有控股新能源上市公司样本的描述性统计（见表 4-4）可以得出以下结论：

Institution_ratio 的均值为 52.780，中位值为 52.170，两者相差不大，说明样本中大部分上市公司的机构投资者持股比例较高，说明机构投资者看好新能源产业及其上市公司；Major_ratio 的均值为 39.000，中位值为 37.650，说明样本中部分上市公司的大股东持股比例较高，从而拉高了均值；Rd_exp_ratio 的均值为 2.595，中位值为 2.300，说明样本中部分上市公司的研发投资比例较高，从而拉高了均值；Ratio 的均值为 1.107，中位值为 0.970，说明样本中部分上市公司短期偿债能力较强，从而拉高了均值；region 的均值为 0.584，说明样本中大部分上市公司位于东部地区；Duality 的均值为 0.117，说明样本中大部分上市公司的董事长和总经理不是同一人；Indep 的均值为 0.364，中位值为 0.333，说明样本中部分上市公司的独立董事比例较高，从而拉高了均值。

表 4-4　国有控股新能源上市公司样本的描述性统计

variable	N	mean	sd	min	p25	p50	p75	max
Institution_ratio	137	52.780	19.080	1.250	40.620	52.170	68.930	89.630
Major_ratio	137	39.000	16.670	7.840	26.020	37.650	51.550	79.380
Rd_exp_ratio	137	2.595	2.596	0	0.130	2.300	4.080	17.160
ROA	137	4.715	5.418	-27.680	2.710	4.410	7.590	16.190
ROE	137	5.542	15.750	-113.700	2.240	6.260	11.470	63.820
Ratio	137	1.107	0.845	0.130	0.570	0.970	1.310	6.370
Asset	137	4.081e+10	8.145e+10	3.713e+08	6.764e+09	1.436e+10	3.783e+10	5.906e+11
Value	137	2.153e+10	2.857e+10	3.428e+09	7.673e+09	1.296e+10	2.382e+10	2.585e+11
Value_free	137	8.383e+09	8.362e+09	1.375e+09	3.700e+09	5.351e+09	9.643e+09	6.646e+10
Subsidy	137	9.302e+07	2.568e+08	0	9.502e+06	2.266e+07	7.252e+07	2.547e+09
region	137	0.584	0.495	0	0	1	1	1
Ownership	137	0	0	0	0	0	0	0
Duality	137	0.117	0.322	0	0	0	0	1
Indep	137	0.364	0.047 7	0.300	0.333	0.333	0.375	0.571

　　由非国有控股新能源上市公司样本的描述性统计（见表 4-5）可以得出以下结论：

　　Institution_ratio 的均值为 34.330，中位值为 31.590，说明样本中部分上市公司的机构投资者持股比例较高，从而拉高了均值；Major_ratio 的均值为 28.780，中位值为 28.050，说明样本中大部分上市公司的大股东持股比例较低；Rd_exp_ratio 的均值为 4.095，中位值为 3.575，说明样本中大部分上市公司的研发投资比例较高；Ratio 的均值为 1.797，中位值为 1.340，说明样本中大部分上市公司的短期偿债能力较强；region 的均值为 0.748，说明样本中大部分上市公司位于东部地区；Duality 的均值为 0.357，说明样本中大部分上市公司的董事长和总经理不是同一人；Indep 的均值为 0.363，中位值为 0.333，说明样本中部分上市公司的独立董事占比较高，从而拉高了均值。

表 4-5 非国有控股新能源上市公司样本的描述性统计

variable	N	mean	sd	min	p25	p50	p75	max
Institution_ratio	210	34.330	22.280	0.030	15.290	31.590	50.930	92.160
Major_ratio	210	28.780	12.580	5.410	18.410	28.050	37.180	66.580
Rd_exp_ratio	210	4.095	3.289	0	2.480	3.575	5.030	34.880
ROA	210	6.388	5.188	−8.310	3.350	5.635	8.780	29.450
ROE	210	7.827	9.690	−68.800	3.750	7.540	11.650	37.890
Ratio	210	1.797	1.446	0.180	0.870	1.340	2.170	9.270
Asset	210	7.802e+09	1.335e+10	2.177e+08	2.348e+09	4.013e+09	7.844e+09	1.092e+11
Value	210	1.178e+10	9.934e+09	2.713e+09	6.291e+09	8.377e+09	1.307e+10	8.674e+10
Value_free	210	5.384e+09	4.081e+09	1.167e+09	2.888e+09	4.144e+09	6.006e+09	2.789e+10
Subsidy	210	2.532e+07	5.003e+07	0	5.602e+06	1.315e+07	2.791e+07	5.019e+08
region	210	0.748	0.435	0	0	1	1	1
Ownership	210	1	0	1	1	1	1	1
Duality	210	0.357	0.480	0	0	0	1	1
Indep	210	0.363	0.042	0.300	0.333	0.333	0.400	0.500

④按区域特征分类

由东部地区新能源上市公司样本的描述性统计（见表4-6）可以得出以下结论：

Institution_ratio 的均值为 41.170，中位值为 41.180，两者相差不大，说明样本上市公司的机构投资者持股比例普遍较高；Major_ratio 的均值为 32.930，中位值为 30.920，说明样本中部分上市公司的大股东持股比例较高，从而拉高了均值；Rd_exp_ratio 的均值为 3.748，中位值为 3.430，说明样本中部分上市公司的研发投资比例较高，从而拉高了均值；Ratio 的均值为 1.590，中位值为 1.170，说明样本中部分上市公司的短期偿债能力较强，从而拉高了均值；Ownership 的均值为 0.662，说明样本中大部分上市公司是非国有控股公司；Duality 的均值为 0.312，说明样本中大部分上市公司的董事长和总经理不是同一人；Indep 的均值为 0.366，中位值为 0.333，说明样本中部分上市公司的独立董事比例较高，从而拉高了均值。

表 4-6　东部地区新能源上市公司样本的描述性统计

variable	N	mean	sd	min	p25	p50	p75	max
Institution_ratio	237	41.170	23.040	1.250	21.590	41.180	58.570	92.160
Major_ratio	237	32.930	15.610	5.410	20.290	30.920	42.600	79.380
Rd_exp_ratio	237	3.748	3.281	0	1.970	3.430	4.820	34.880
ROA	237	6.109	5.245	−27.680	3.410	5.600	8.740	22.750
ROE	237	7.770	12.030	−113.700	3.880	7.660	11.900	63.820
Ratio	237	1.590	1.387	0.150	0.760	1.170	1.890	9.270
Asset	237	2.195e+10	6.405e+10	2.177e+08	2.702e+09	5.221e+09	1.274e+10	5.906e+11
Value	237	1.577e+10	2.263e+10	3.036e+09	6.870e+09	9.525e+09	1.636e+10	2.585e+11
Value_free	237	6.435e+09	6.547e+09	1.167e+09	3.177e+09	4.415e+09	6.908e+09	6.646e+10
Subsidy	237	5.245e+07	1.910e+08	0	6.510e+06	1.494e+07	3.533e+07	2.547e+09
region	237	1	0	1	1	1	1	1
Ownership	237	0.662	0.474	0	0	1	1	1
Duality	237	0.312	0.464	0	0	0	1	1
Indep	237	0.366	0.044	0.300	0.333	0.333	0.429	0.500

由非东部地区新能源上市公司样本的描述性统计（见表 4-7）可以得出以下结论：

Institution_ratio 的均值为 42.580，中位值为 46.820，说明样本中部分上市公司的机构投资者持股比例较低，从而拉低了均值；Major_ratio 的均值为 32.560，中位值为 29.480，说明样本中部分上市公司的大股东持股比例较高；Rd_exp_ratio 的均值为 2.975，中位值为 2.860，说明样本中大部分上市公司的研发投资比例较低；Ratio 的均值为 1.382，中位值为 1.165，说明样本中大部分上市公司的短期偿债能力较弱；Ownership 的均值为 0.482，说明样本中大部分上市公司是国有控股公司；Duality 的均值为 0.155，说明样本中大部分上市公司的董事长和总经理不是同一人；Indep 的均值为 0.358，中位值为 0.333，说明样本中部分上市公司的独立董事比例较高，从而拉高了均值。

表 4-7　非东部地区新能源上市公司样本的描述性统计

variable	N	mean	sd	min	p25	p50	p75	max
Institution_ratio	110	42.580	22.690	0.030	25.810	46.820	60.420	85.650
Major_ratio	110	32.560	14.210	10	20.830	29.480	42.570	64.200
Rd_exp_ratio	110	2.975	2.672	0	0.430	2.860	4.640	17.160
ROA	110	4.905	5.460	−13.560	2.340	4.045	7.480	29.450
ROE	110	5.105	13.250	−70.590	1.660	5.815	9.940	30.580
Ratio	110	1.382	1.030	0.130	0.650	1.165	1.730	5.590
Asset	110	1.843e+10	2.359e+10	5.256e+08	3.271e+09	7.743e+09	2.682e+10	1.092e+11
Value	110	1.531e+10	1.307e+10	2.713e+09	6.462e+09	9.944e+09	1.995e+10	6.722e+10
Value_free	110	6.855e+09	5.754e+09	1.250e+09	3.380e+09	4.796e+09	8.456e+09	2.894e+10
Subsidy	110	5.117e+07	1.077e+08	0	6.314e+06	1.828e+07	4.715e+07	8.643e+08
region	110	0	0	0	0	0	0	0
Ownership	110	0.482	0.502	0	0	0	1	1
Duality	110	0.155	0.363	0	0	0	0	1
Indep	110	0.358	0.044	0.300	0.333	0.333	0.364	0.571

4.2.2　事件研究

本章参考杨海波和李建勇（2018）的研究方法，以《可再生能源发展"十三五"规划》的颁布作为外部冲击事件，对新能源政策颁布后新能源上市公司样本及对照组上市公司样本进行事件研究。

本章先分别对新能源上市公司和对照组上市公司样本的异常收益率（平均异常收益率 ARR 及累积平均异常收益率 CAAR）进行计算与分析；然后根据上市公司挂牌的交易所（深交所和上交所）、所有制性质（国有控股和非国有控股）、区域特征（东部地区和非东部地区）分别对新能源上市公司和对照组上市公司样本进行分类并展开深入分析。

4.2.2.1　新能源上市公司和对照组上市公司样本异常收益率的计算与分析

为了研究新能源政策颁布后新能源上市公司和对照组上市公司的股价波动，本章首先将新能源政策颁布当天定为事件日[①]（$T=0$）；其次，为了

[①]　如果政策颁布日为节假日，则事件日顺延到下一个最近的交易日。

尽量排除其他事件的干扰，事件窗口的选择应尽量短，因此本章选取［0，2］作为事件窗口。最后，分别计算事件窗口［0，2］每天的平均异常收益率（AAR_date_0，AAR_date_1，AAR_date_2）和累积平均异常收益率（CAAR_date_1，CAAR_date_2），并进行相关分析。新能源上市公司和对照组上市公司样本的异常收益率计算结果分别见表4-8和表4-9。

表4-8　新能源上市公司样本异常收益率

异常收益率	平均异常收益率			累积平均异常收益率	
	AAR_date_0	AAR_date_1	AAR_date_2	CAAR_date_1	CAAR_date_2
_cons	1.384 1***	0.177 6	0.266 6**	1.561 7***	1.828 3***
	(0.118 0)	(0.110 1)	(0.107 3)	(0.176 2)	(0.209 6)
N	347	347	347	347	347

注：*、**、*** 分别表示 $p < 0.1$、$p < 0.05$、$p < 0.01$，括号内为稳健标准误。

表4-9　对照组上市公司样本异常收益率

异常收益率	平均异常收益率			累积平均异常收益率	
	AAR_date_0	AAR_date_1	AAR_date_2	CAAR_date_1	CAAR_date_2
_cons	−0.894 3***	0.098 6	0.146 2	−0.795 7***	−0.649 4***
	(0.143 4)	(0.088 0)	(0.096 6)	(0.175 9)	(0.217 0)
N	347	347	347	347	347

注：*、**、*** 分别表示 $p < 0.1$、$p < 0.05$、$p < 0.01$，括号内为稳健标准误。

由表4-8可以观察到：

新能源上市公司样本在事件日（$T = 0$）的平均异常收益率为1.384 1，且在1%置信水平上通过显著性检验，即出现了显著为正的平均异常收益率；在事件日后2个交易日（$T = 2$）的累积平均异常收益率为1.828 3，且在1%置信水平上通过显著性检验；在事件窗口［0，2］的累积平均异常收益率均显著为正。结果表明投资者认同新能源政策对新能源上市公司是实质性利好，新能源政策能够引导资金流入新能源产业，从而实现对资源的优化配置，研究假设HA1成立。

由表4-9可以观察到：

对照组上市公司样本在事件日（$T = 0$）的平均异常收益率为−0.894 3，且在1%置信水平上通过显著性检验，即出现了显著为负的平均异常收益率；在事件日后 2 个交易日（$T=2$）的累积平均异常收益率为 -0.6494，且在 1% 置信水平上通过显著性检验；在整个事件窗口 [0，2] 的累积平均异常收益率均显著为负。产生显著为负的异常收益率的原因可能是：新能源政策对对照组上市公司是实质性利空，从而导致资金流出传统产业上市公司。

4.2.2.2　深交所和上交所上市公司样本异常收益率的计算与分析

根据上市公司挂牌的交易所进行分类，深交所和上交所的新能源上市公司和对照组上市公司样本的异常收益率计算结果分别见表 4-10、表 4-11、表 4-12、表 4-13。

表 4-10　深交所新能源上市公司样本异常收益率

异常收益率	平均异常收益率			累积平均异常收益率	
	AAR_date_0	AAR_date_1	AAR_date_2	CAAR_date_1	CAAR_date_2
_cons	1.653 3***	0.065 8	0.384 4***	1.719 2***	2.103 5***
	(0.145 5)	(0.129 3)	(0.132 0)	(0.209 2)	(0.261 0)
N	234	234	234	234	234

注：*、**、*** 分别表示 $p < 0.1$、$p < 0.05$、$p < 0.01$，括号内为稳健标准误。

表 4-11　上交所新能源上市公司样本异常收益率

异常收益率	平均异常收益率			累积平均异常收益率	
	AAR_date_0	AAR_date_1	AAR_date_2	CAAR_date_1	CAAR_date_2
_cons	0.821 1***	0.406 3**	0.022 6	1.227 4***	1.250 1***
	(0.190 0)	(0.203 4)	(0.179 2)	(0.319 6)	(0.339 6)
N	113	113	113	113	113

注：*、**、*** 分别表示 $p < 0.1$、$p < 0.05$、$p < 0.01$，括号内为稳健标准误。

表 4-12　深交所对照组上市公司样本异常收益率

异常收益率	平均异常收益率			累积平均异常收益率	
	AAR_date_0	AAR_date_1	AAR_date_2	CAAR_date_1	CAAR_date_2
_cons	-0.482 1***	0.055 3	0.172 9	-0.426 8*	-0.253 9
	(0.179 7)	(0.118 0)	(0.119 8)	(0.232 7)	(0.282 1)
N	234	234	234	234	234

注：*、**、*** 分别表示 $p < 0.1$、$p < 0.05$、$p < 0.01$，括号内为稳健标准误。

表 4-13　上交所对照组上市公司样本异常收益率

异常收益率	平均异常收益率			累积平均异常收益率	
	AAR_date_0	AAR_date_1	AAR_date_2	CAAR_date_1	CAAR_date_2
_cons	−1.738 6***	0.192 8	0.052 5	−1.545 7***	−1.493 2***
	(0.217 3)	(0.117 0)	(0.152 9)	(0.233 8)	(0.305 0)
N	113	113	113	113	113

注：*、**、*** 分别表示 $p < 0.1$、$p < 0.05$、$p < 0.01$，括号内为稳健标准误。

由表 4-10 和表 4-11 可以观察到：

深交所新能源上市公司样本在事件日（$T = 0$）平均异常收益率为 1.653 3，且在 1% 置信水平上通过显著性检验，即出现了显著为正的平均异常收益率；在事件日后 2 个交易日（$T = 2$）的累积平均异常收益率为 2.103 5，且在 1% 置信水平上通过显著性检验；在事件窗口［0，2］的累积平均异常收益率均显著为正。

上交所新能源上市公司样本在事件日（$T = 0$）的平均异常收益率为 0.821 1，且在 1% 置信水平上通过显著性检验，即出现了显著为正的平均异常收益率；在事件日后 2 个交易日（$T = 2$），累积平均异常收益率为 1.250 1，且在 1% 置信水平上通过显著性检验；在事件窗口［0，2］的累积平均异常收益率均显著为正。

沪深证券交易所新能源上市公司样本在事件日（$T = 0$）都出现了显著为正的异常收益率，但深交所新能源上市公司样本的平均异常收益率显著高于上交所新能源上市公司样本的平均异常收益率。产生这种差异的原因可能是：沪深证券交易所新能源上市公司的规模存在差异，深交所新能源上市公司主要是中小市值公司，而上交所新能源上市公司主要是大市值公司，在政策利好的刺激下，中小市值公司的股票更容易被投资者关注，从而表现出更高的平均异常收益率。

由表 4-12 和表 4-13 可以观察到：

深交所对照组上市公司样本在事件日（$T = 0$）的平均异常收益率为 −0.482 1，且在 1% 置信水平上通过显著性检验，即出现了显著为负的平均异常收益率；在事件日后 1 个交易日（$T = 1$）的累积平均异常收益率为 −0.426 8，且在 10% 置信水平上通过显著性检验；在事件窗口［0，2］的累积平均异常收益率均为负。

上交所对照组上市公司样本在事件日（$T=0$）的平均异常收益率为 $-1.738\,6$，且在 1% 置信水平上通过显著性检验，即出现了显著为负的平均异常收益率；在事件日后 2 个交易日（$T=2$）的累积平均异常收益率为 $-1.493\,2$，且在 1% 置信水平上通过显著性检验；在事件窗口 [0, 2] 的累积平均异常收益率均显著为负。

沪深证券交易所对照组上市公司样本在事件日（$T=0$）都出现了显著为负的异常收益率，但上交所对照组上市公司样本平均异常收益率的绝对值大于深交所对照组上市公司样本的绝对值，产生这种差异的原因可能是：沪深证券交易所对照组上市公司的构成存在差异，深交所对照组上市公司主要是创新型公司，上交所对照组上市公司主要是传统型公司，而传统型公司所在产业可能不在新能源政策支持的范围内，甚至可能是面临淘汰的落后产能。因此，其股票会被投资者抛售，从而产生更低的负的异常收益率。

综上所述，新能源政策颁布后，沪深证券交易所新能源上市公司样本在事件窗口 [0, 2] 都出现了显著为正的异常收益率，表明新能源政策能有效引导资金流入新能源产业，从而实现对资源的优化配置，研究假设 HA1 成立。

4.2.2.3　国有控股和非国有控股上市公司样本异常收益率的计算与分析

根据上市公司的所有制性质进行分类，国有控股和非国有控股的新能源上市公司和对照组上市公司样本的异常收益率计算结果分别见表 4-14、表 4-15、表 4-16、表 4-17。

表 4-14　国有控股新能源上市公司样本异常收益率

异常收益率	平均异常收益率			累积平均异常收益率	
	AAR_date_0	AAR_date_1	AAR_date_2	CAAR_date_1	CAAR_date_2
_cons	1.170 0***	0.580 6***	0.202 5	1.750 6***	1.953 1***
	(0.175 5)	(0.183 8)	(0.172 8)	(0.296 0)	(0.345 7)
N	137	137	137	137	137

注：*、**、*** 分别表示 $p < 0.1$、$p < 0.05$、$p < 0.01$，括号内为稳健标准误。

表 4-15　非国有控股新能源上市公司样本异常收益率

异常收益率	平均异常收益率			累积平均异常收益率	
	AAR_date_0	AAR_date_1	AAR_date_2	CAAR_date_1	CAAR_date_2
_cons	1.520 8***	−0.079 5	0.308 4**	1.441 3***	1.749 7***
	(0.156 9)	(0.134 8)	(0.135 9)	(0.218 7)	(0.263 0)
N	210	210	210	210	210

注：*、**、*** 分别表示 $p < 0.1$、$p < 0.05$、$p < 0.01$，括号内为稳健标准误。

表 4-16　国有控股对照组上市公司样本异常收益率

异常收益率	平均异常收益率			累积平均异常收益率	
	AAR_date_0	AAR_date_1	AAR_date_2	CAAR_date_1	CAAR_date_2
_cons	−0.962 4***	0.301 2**	0.160 9	−0.661 2***	−0.500 4*
	(0.182 1)	(0.118 1)	(0.140 9)	(0.225 4)	(0.280 8)
N	163	163	163	163	163

注：*、**、*** 分别表示 $p < 0.1$、$p < 0.05$、$p < 0.01$，括号内为稳健标准误。

表 4-17　非国有控股对照组上市公司样本异常收益率

异常收益率	平均异常收益率			累积平均异常收益率	
	AAR_date_0	AAR_date_1	AAR_date_2	CAAR_date_1	CAAR_date_2
_cons	−0.842 0***	−0.079 1	0.148 2	−0.921 2***	−0.773 0**
	(0.222 5)	(0.133 6)	(0.135 8)	(0.275 6)	(0.338 1)
N	184	184	184	184	184

注：*、**、*** 分别表示 $p < 0.1$、$p < 0.05$、$p < 0.01$，括号内为稳健标准误。

由表 4-14 和表 4-15 可以观察到：

国有控股新能源上市公司样本在事件日（$T=0$）的平均异常收益率为 1.17，且在 1% 置信水平上通过显著性检验，即出现了显著为正的平均异常收益率；在事件日后 2 个交易日（$T=2$）的累积平均异常收益率为 1.953 1，且在 1% 置信水平上通过显著性检验；在事件窗口［0，2］的累积平均异常收益率均显著为正。

非国有控股新能源上市公司样本在事件日（$T=0$）的平均异常收益率为 1.520 8，且在 1% 置信水平上通过显著性检验，即出现了显著为正的平均异常收益率；在事件日后 2 个交易日（$T=2$）的累积平均异常收益率为

1.749 7，且在 1% 置信水平上通过显著性检验；在事件窗口［0，2］的累积平均异常收益率均显著为正。

国有控股和非国有控股新能源上市公司样本在事件日（$T=0$）都出现了显著为正的异常收益率，但非国有控股新能源上市公司样本的平均异常收益率显著高于国有控股新能源上市公司样本的平均异常收益率。产生这种差异的原因可能是：国有控股和非国有控股新能源上市公司的规模存在差异，国有控股新能源上市公司主要是大市值公司，而非国有控股新能源上市公司主要是中小市值公司，在政策利好的刺激下，中小市值公司的股票更容易被投资者关注，从而表现出更高的平均异常收益率。

由表 4-16 和表 4-17 可以观察到：

国有控股和非国有控股对照组上市公司样本在事件日（$T=0$）都出现了显著为负的平均异常收益率，但平均异常收益率的差别不大；在事件窗口［0，2］的累积平均异常收益率均显著为负。其中，非国有控股对照组上市公司样本累积平均异常收益率的绝对值更大。产生这种差异的原因可能是：国有控股对照组上市公司在资本等方面具有一定优势，即使没有受到新能源政策的扶持，也不一定会导致业务的大幅萎缩；而非国有控股对照组上市公司缺乏新能源政策的扶持，某些产业面临政策限制，构成实质性利空，因此其股价出现显著下跌。

综上所述，新能源政策颁布后，国有控股和非国有控股新能源上市公司样本在事件窗口［0，2］都出现了显著为正的异常收益率，表明新能源政策能有效引导资金流入新能源产业，从而实现对资源的优化配置，研究假设 HA1 成立。

4.2.2.4 东部地区和非东部地区样本异常收益率的计算与分析

根据上市公司的区域特征进行分类，东部地区和非东部地区的新能源上市公司和对照组上市公司样本的异常收益率计算结果分别见表 4-18、表 4-19、表 4-20、表 4-21。

表 4-18　东部地区新能源上市公司样本异常收益率

异常收益率	平均异常收益率			累积平均异常收益率	
	AAR_date_0	AAR_date_1	AAR_date_2	CAAR_date_1	CAAR_date_2
_cons	1.279 8 ***	0.153 9	0.180 6	1.433 7 ***	1.614 3 ***
	(0.142 7)	(0.132 3)	(0.126 5)	(0.218 2)	(0.252 5)
N	237	237	237	237	237

注：*、**、***分别表示 $p < 0.1$、$p < 0.05$、$p < 0.01$，括号内为稳健标准误。

表 4-19　非东部地区新能源上市公司样本异常收益率

异常收益率	平均异常收益率			累积平均异常收益率	
	AAR_date_0	AAR_date_1	AAR_date_2	CAAR_date_1	CAAR_date_2
_cons	1.586 4 ***	0.213 7	0.446 4 **	1.800 0 ***	2.246 4 ***
	(0.202 0)	(0.195 9)	(0.198 3)	(0.284 3)	(0.363 3)
N	110	110	110	110	110

注：*、**、***分别表示 $p < 0.1$、$p < 0.05$、$p < 0.01$，括号内为稳健标准误。

表 4-20　东部地区对照组上市公司样本异常收益率

异常收益率	平均异常收益率			累积平均异常收益率	
	AAR_date_0	AAR_date_1	AAR_date_2	CAAR_date_1	CAAR_date_2
_cons	−0.760 9 ***	0.052 9	0.086 8	−0.707 9 ***	−0.621 2 **
	(0.171 2)	(0.112 8)	(0.115 1)	(0.220 2)	(0.259 3)
N	241	241	241	241	241

注：*、**、***分别表示 $p < 0.1$、$p < 0.05$、$p < 0.01$，括号内为稳健标准误。

表 4-21　非东部地区对照组上市公司样本异常收益率

异常收益率	平均异常收益率			累积平均异常收益率	
	AAR_date_0	AAR_date_1	AAR_date_2	CAAR_date_1	CAAR_date_2
_cons	−1.210 8 ***	0.218 3	0.337 4	−0.992 5 ***	−0.655 1
	(0.278 7)	(0.154 2)	(0.204 1)	(0.332 8)	(0.467 1)
N	106	106	106	106	106

注：*、**、***分别表示 $p < 0.1$、$p < 0.05$、$p < 0.01$，括号内为稳健标准误。

由表 4-18 和表 4-19 可以观察到：

东部地区新能源上市公司样本在事件日（$T = 0$）的平均异常收益率为

1.279 8，且在 1% 置信水平上通过显著性检验，即出现了显著为正的平均异常收益率；在事件日后 2 个交易日（$T=2$）的累积平均异常收益率为 1.614 3，且在 1% 置信水平上通过显著性检验；在事件窗口 [0, 2] 的累积平均异常收益率均显著为正。

非东部地区新能源上市公司样本在事件日（$T=0$）的平均异常收益率为 1.586 4，且在 1% 置信水平上通过显著性检验，即出现了显著为正的平均异常收益率；在事件后 2 个交易日（$T=2$）的累积平均异常收益率为 2.246 4，且在 1% 置信水平上通过显著性检验；在事件窗口 [0, 2] 的累积平均异常收益率均显著为正。

东部地区和非东部地区新能源上市公司样本在事件日（$T=0$）都出现了显著为正的异常收益率，但非东部地区新能源上市公司的平均异常收益率显著高于东部地区新能源上市公司的平均异常收益率。产生这种差异的原因可能是：东部地区新能源上市公司主要通过技术创新来研发产品，进而扩大市场份额，其股价反映了这些上市公司的基本面及价值，因此即使新能源政策出台，股价也不会发生大幅波动。而非东部地区新能源上市公司可能对新能源政策（特别是财政补贴和税收优惠政策）的依赖程度较高，新能源政策的颁布可能会给这些上市公司带来直接收益，因此非东部地区新能源上市公司表现出更高的平均异常收益率。

由表 4-20 和表 4-21 可以观察到：

东部地区和非东部地区对照组上市公司样本在事件日（$T=0$），出现了显著为负的平均异常收益率，其中，非东部地区对照组上市公司样本平均异常收益率的绝对值更大；在事件窗口 [0, 2] 的累积平均异常收益率均显著为负，但累积平均异常收益率差别不大。产生这种差异的原因可能是：非东部地区对照组上市公司多是传统的高能耗、高污染企业，这些公司缺乏新能源政策的扶持，某些产业甚至面临政策限制，构成实质性利空，因此其股价出现显著下跌。

综上所述，新能源政策颁布后，东部地区和非东部地区新能源上市公司样本在事件窗口 [0, 2] 都出现了显著为正的异常收益率，表明新能源政策能有效引导资金流入新能源产业，从而实现对资源的优化配置，研究假设 HA1 成立。

4.3 小结

本章应用事件研究法，研究了新能源政策颁布后新能源上市公司股价的波动，进而论证新能源政策能否有效引导资金流入新能源产业，从而实现对资源的优化配置。本章通过研究得出以下结论：

第一，新能源政策颁布后，新能源上市公司样本在事件日（$T=0$）出现了显著为正的平均异常收益率，在事件窗口［0，2］的累积平均异常收益率均显著为正。这表明投资者认同新能源政策对新能源上市公司是实质性利好，新能源政策能有效引导资金流入新能源产业，从而实现对资源的优化配置。相应的，对照组上市公司样本在事件日（$T=0$）出现了显著为负的平均异常收益率，在事件窗口［0，2］的累积平均异常收益率均显著为负。产生显著为负的异常收益率的原因可能是：新能源政策对对照组上市公司是实质性利空，从而导致资金流出传统产业上市公司。

第二，新能源政策颁布后，沪深证券交易所新能源上市公司样本在事件窗口［0，2］都出现了显著为正的异常收益率，表明新能源政策能有效引导资金流入新能源产业，从而实现对资源的优化配置。但深交所新能源上市公司样本的平均异常收益率显著高于上交所新能源上市公司样本的平均异常收益率。产生这种差异的原因可能是：沪深证券交易所新能源上市公司的规模存在差异，深交所新能源上市公司主要是中小市值公司，而上交所新能源上市公司主要是大市值公司，在政策利好的刺激下，中小市值公司的股票更容易被投资者关注，从而表现出更高的平均异常收益率。

第三，新能源政策颁布后，国有控股和非国有控股新能源上市公司样本在事件窗口［0，2］都出现了显著为正的异常收益率，表明新能源政策能有效引导资金流入新能源产业，从而实现对资源的优化配置。但非国有控股新能源上市公司样本的平均异常收益率显著高于国有控股新能源上市公司样本的平均异常收益率。产生这种差异的原因可能是：国有控股和非国有控股新能源上市公司的规模存在差异，国有控股新能源上市公司主要是大市值公司，而非国有控股新能源上市公司主要是中小市值公司，在政策利好的刺激下，中小市值公司的股票更容易被投资者关注，从而表现出更高的平均异常收益率。

第四，新能源政策颁布后，东部地区和非东部地区新能源上市公司样本在事件窗口［0，2］都出现了显著为正的异常收益率，表明新能源政策能有效引导资金流入新能源产业，从而实现对资源的优化配置。但非东部地区新能源上市公司的平均异常收益率显著高于东部地区新能源上市公司的平均异常收益率。产生这种差异的原因可能是：东部地区新能源上市公司主要通过技术创新来研发产品，进而扩大市场份额，其股价反映了这些上市公司的基本面及价值，因此即使能源政策出台，股价也不会发生大幅波动。而非东部地区新能源上市公司可能对新能源政策（特别是财政补贴和税收优惠政策）的依赖程度较高，新能源政策的颁布可能会给这些上市公司带来直接收益，因此非东部地区新能源上市公司表现出更高的平均异常收益率。

综上所述，①新能源政策颁布后，新能源上市公司样本在事件日（$T=0$），出现了显著为正的平均异常收益率；②新能源政策颁布后，沪深证券交易所新能源上市公司样本都出现了显著为正的异常收益率；③新能源政策颁布后，国有控股和非国有控股新能源上市公司样本都出现了显著为正的异常收益率；④新能源政策颁布后，东部地区和非东部地区新能源上市公司都出现了显著为正的异常收益率。由此证明，新能源政策能有效引导资金流入新能源产业，从而实现对资源的优化配置。

5 中国新能源政策短期微观经济效应研究:基于新能源上市公司研发投资行为的实证分析

中国经济进入新常态,其典型特征是经济增长由高速增长转变为中高速增长;经济结构调整升级,创新成为经济增长驱动力(李建勇 等,2016)。市场供给、市场需求都在发生深刻变化,经济增长模式的调整必然要求产业结构实现转型升级。在此过程中,能源供给侧结构性改革必然要求企业在新能源领域进行技术创新和升级。因此,创新在国家发展战略中的地位被提升到了新的高度。

在创新活动中,创新成果往往具有公共产品属性,如具有明显的正外部性,与创新活动相关的收益不能由相关主体独自享有。因此,政府有必要通过相关政策来促进私人部门的创新活动,有效增加公共产品的供给。

在新能源产业发展过程中,当新能源政策颁布后,相较于传统企业,新能源企业的研发投资强度是否更高?政策支持力度越大,企业研发投资强度是否越高?本章将通过构建实证模型,观察新能源政策能否有效提高企业研发投资强度,并研究政府加强产业政策引导和扶持能否对新能源企业研发投资产生正向影响。

5.1 理论分析与研究假设

李斯特(1841)在《政治经济学的国民体系》中,对比研究了老牌资本主义国家（英国）的自由贸易经济政策与新兴资本主义国家（美国）的产业保护和产业政策。他认为在经济发展的不同阶段，不能采用完全放任自由的经济和产业政策，而应该由国家主导推行有产业引导性的经济政策。产业政策是一种介于市场与计划两者之间的政策体系，它与国家发展战略之间存在内在逻辑联系（赵英，2000）。

李斯特的思想对许多国家产生了深远的影响，日本及韩国经济的高速增长也得益于其产业政策引导国家及民间产业资本承接了欧美国家转移的产业链。产业政策在日本、韩国的成功为中国改革开放后的经济建设提供了学习样本，中国经济的腾飞也得益于产业政策对产业的引导、布局以及对企业的鼓励支持。对于广大发展中国家，其经济发展必然需要通过产业政策引导资源向需要优先发展的产业集中。在政策实践过程中，产业政策往往通过补贴、税收等财政政策工具以及货币、信贷等金融政策工具协调资源的分配。

研发投资具有明显的正外部性。对于市场发育不成熟、科技含量较高、研发投资较大的新能源产业，由于研发投资风险较高，且普遍缺乏有效的研发供给，政府需要在产业培育期加强产业政策对产业的引导和扶持。

国内外众多学者研究了产业政策与企业研发投资之间的关系（Chen et al.，2012；郁建兴，2017；谭劲松，2017；曾慧宇 等，2019；周亚虹，2015；徐乐，2019；戴小勇 等，2014；高伟，2019）。这些研究发现，政府通过产业政策，可以有效弥补市场失灵，从而引导企业提高研发投资强度，并促进技术创新。谭劲松等（2017）认为，产业政策能有效推动受政策支持的企业提高研发投资强度，而且政策扶持力度越大，企业研发投资的积极性越高。企业从地方政府获取的经费可以用于人才引进、项目研发、成果转化、技术改造、新产品研发等方面（郁建兴 等，2017）。

产业政策通过补贴、税收等政策工具，弥补企业因研发投资产生的部分成本，是对企业的正向激励。同时，产业政策能给市场传递一种积极信号，并通过补贴、税收等政策工具优化产业间的资源配置。这种资源优化配置的结果就是受政策支持的企业会获得更多的优质资源，从而降低经营成本，并最终反映到企业的经营收益增长上（谭劲松 等，2017）。此外，产业政策还可以降低银企间的信息不对称，更好地建立银企信任与合作关系（Chen et al，2013）。周亚虹等（2015）研究了转型经济时期，产业政策能否有效促进新能源企业提高研发投资强度。研究发现，在新能源产业发展早期，产业政策能有效促进企业提高研发投资强度。

综上所述，产业政策能有效降低信息收集成本，缓解市场信息不对称，减少交易成本，从而对企业研发投资产生正向激励作用。同时，研发投资具有明显的正外部性，产业政策的引导能有效增加公共物品的供给。因此，在新能源产业发展过程中，政府在产业培育期加强产业政策引导和扶持能对新能源企业研发投资产生正向影响。基于以上分析，本章提出以下研究假设：

研究假设 HB1：新能源政策颁布后，相较于传统企业，新能源企业研发投资强度更高。

研究假设 HB2：在受新能源政策支持的企业中，政策支持力度越大，企业研发投资强度越高。

5.2 新能源政策短期微观经济效应研究：基于新能源上市公司研发投资行为的实证分析

5.2.1 新能源政策与上市公司研发投资实证研究

5.2.1.1 计量模型

本章参考谭劲松等（2017）、周亚虹等（2015）的研究方法，通过构建计量模型，并采用 OLS 回归分析法来研究新能源政策与上市公司研发投资强度之间的关系，以考察新能源政策的微观经济效应，从而验证新能源政策颁布后，新能源上市公司与对照组上市公司在研究投资强度方面的差异。

模型用上市公司研发投资强度作为被解释变量，并将虚拟变量 New_energy 作为解释变量。同时，模型对可能会影响上市公司研发投资强度的其他因素（上市公司的治理特征、财务特征、基本特征）也进行了控制。模型（5-1）设定如下：

$$\mathrm{RD}_{i,j} = \alpha + \beta_0 \mathrm{New\_energy}_{i,j} + \beta_1 \mathrm{Institution\_ratio}_{i,j} + \beta_2 \mathrm{Major\_ratio}_{i,j} +$$
$$\beta_3 \mathrm{Indep}_{i,j} + \beta_4 \mathrm{Duality}_{i,j} + \beta_5 \mathrm{Lev}_{i,j} + \beta_6 \mathrm{Ratio}_{i,j} + \beta_7 \mathrm{lnInvest}_{i,j} +$$
$$\beta_8 \mathrm{lnSubsidy}_{i,j} + \beta_9 \mathrm{lnAsset}_{i,j} + \beta_{10} \mathrm{lnValue}_{i,j} + \beta_{11} \mathrm{lnValue\_free}_{i,j} +$$
$$\varepsilon_{i,j}$$

变量说明如表 5-1 所示：

表 5-1　变量说明

变量类型	变量	变量说明	备注
被解释变量	$\mathrm{RD}_{i,j}$	研发投资强度	i 上市公司 j 年的研发投资强度，用研发费用占营业收入的比例来表示
解释变量	$\mathrm{New\_energy}_{i,j}$	是否为新能源上市公司	i 上市公司 j 年是否为新能源上市公司，$\mathrm{New\_energy}_{i,j}$ 为 1 代表该上市公司为新能源上市公司；为 0 代表该上市公司为非新能源上市公司
治理控制变量	$\mathrm{Institution\_ratio}_{i,j}$	机构投资者持股比例	i 上市公司 j 年的机构投资者持股比例
治理控制变量	$\mathrm{Major\_ratio}_{i,j}$	大股东持股比例	i 上市公司 j 年的大股东持股比例
治理控制变量	$\mathrm{Indep}_{i,j}$	独立董事比例	i 上市公司 j 年的董事会独立董事比例
治理控制变量	$\mathrm{Duality}_{i,j}$	两职合一指标	i 上市公司 j 年的董事长和总经理是否为同一人，$\mathrm{Duality}_{i,j}$ 为 1 代表董事长和总经理是同一人；为 0 代表董事长和总经理不是同一人
财务控制变量	$\mathrm{Lev}_{i,j}$	财务状况指标	i 上市公司 j 年的资产负债率
财务控制变量	$\mathrm{Ratio}_{i,j}$	短期偿债能力指标	i 上市公司 j 年的速动比率
财务控制变量	$\mathrm{lnInvest}_{i,j}$	投资活动指标	i 上市公司 j 年的投资活动现金流出取对数
财务控制变量	$\mathrm{lnSubsidy}_{i,j}$	财务状况指标	i 上市公司 j 年获得的财政补贴取对数
基本控制变量	$\mathrm{lnAsset}_{i,j}$	资产规模指标	i 上市公司 j 年的资产规模取对数
基本控制变量	$\mathrm{lnValue}_{i,j}$	企业价值指标	i 上市公司 j 年的总市值取对数
基本控制变量	$\mathrm{lnValue\_free}_{i,j}$	企业价值指标	i 上市公司 j 年的流通市值取对数

模型（5-1）中，解释变量和控制变量均采用年度数据。$RD_{i,j}$ 代表 i 上市公司 j 年的研发投资强度，用研发费用占营业收入的比例来表示；$New\_energy_{i,j}$ 代表 i 上市公司 j 年是否为新能源上市公司，$New\_energy_{i,j}=1$ 代表该上市公司为新能源上市公司，$New\_energy_{i,j}=0$ 代表该上市公司为非新能源上市公司；$Institution\_ratio_{i,j}$ 代表 i 上市公司 j 年的机构投资者持股比例；$Major\_ratio_{i,j}$ 代表 i 上市公司 j 年的大股东持股比例；$Indep_{i,j}$ 代表 i 上市公司 j 年的独立董事比例；$Duality_{i,j}$ 代表 i 上市公司 j 年的董事长和总经理是否为同一人，$Duality_{i,j}=1$ 代表董事长和总经理是同一人，$Duality_{i,j}=0$ 代表董事长和总经理不是同一人；$Lev_{i,j}$ 代表 i 上市公司 j 年的资产负债率；$Ratio_{i,j}$ 代表 i 上市公司 j 年的速动比率，表示上市公司的短期偿债能力；$lnInvest_{i,j}$ 代表 i 上市公司 j 年的投资活动现金流出取对数；$lnSubsidy_{i,j}$ 代表 i 上市公司 j 年获得的财政补贴取对数；$lnAsset_{i,j}$ 代表 i 上市公司 j 年的资产规模取对数；$lnValue_{i,j}$ 代表 i 上市公司 j 年的总市值取对数；$lnValue\_free_{i,j}$ 代表 i 上市公司 j 年的流通市值取对数；$\varepsilon_{i,j}$ 为干扰项。

5.2.1.2　回归分析

（1）数据说明

本章对《可再生能源发展"十三五"规划》[①] 颁布后的 2016 年、2017 年和 2018 年的新能源上市公司和对照组上市公司样本同时进行处理，其中，对照组上市公司样本的选取方法参见第 4 章。由于回归过程中控制变量数据的缺失，最终得到用于本次回归的样本数据共计 1 967 个。

（2）描述性统计

由新能源上市公司和对照组上市公司样本的描述性统计（见表 5-2）可以得出以下结论：

$RD_{i,j}$ 的均值为 2.764，中位值为 2.770，说明样本中大部分上市公司研发投资强度较高；$Institution\_ratio_{i,j}$ 的均值为 42.090，中位值为 42.310，说明样本中大部分上市公司的机构投资者持股比例较高；$Major\_ratio_{i,j}$ 的均值为 33.450，中位值为 30.910，说明样本中部分上市公司的大股东持股比例较高，从而拉高了均值；$Indep_{i,j}$ 的均值为 0.368，中位值为 0.333，说明样本中部分上市公司的独立董事比例较高，从而拉高了均值；$Duality_{i,j}$ 的均

---

① 《可再生能源发展"十三五"规划》颁布时间为 2016 年 12 月 10 日。

值为 0.205，中位值为 0，说明样本中大部分上市公司的董事长和总经理不是同一人；$Lev_{i,j}$ 的均值为 46.980，中位值为 47.880，说明样本中大部分上市公司的资产负债率较高；$Ratio_{i,j}$ 的均值为 1.417，中位值为 1.090，说明样本中大部分上市公司的短期偿债能力较弱；$lnInvest_{i,j}$ 的均值为 20.430，中位值为 20.530，说明样本中大部分上市公司的投资活动现金流出较少；$lnSubsidy_{i,j}$ 的均值为 16.210，中位值为 16.540，说明样本中部分上市公司获得的财政补贴较低，从而拉低了均值；$lnAsset_{i,j}$ 的均值为 22.750，中位值为 22.620，说明样本中大部分上市公司的资产规模较大。

表 5-2　新能源上市公司和对照组上市公司样本描述性统计

variable	N	mean	sd	min	p25	p50	p75	max
$RD_{i,j}$	1 967	2.764	2.857	0	0.260	2.770	3.990	36.920
New energy$_{i,j}$	1 967	0.514	0.500	0	0	1	1	1
Institution_ratio$_{i,j}$	1 967	42.090	22.930	0	24.470	42.310	60.760	140.700
Major_ratio$_{i,j}$	1 967	33.450	14.950	0	21.910	30.910	44.060	87.460
$Indep_{i,j}$	1 967	0.368	0.054	0	0.333	0.333	0.400	0.800
$Duality_{i,j}$	1 967	0.205	0.404	0	0	0	0	1
$Lev_{i,j}$	1 967	46.980	19.510	4.970	31.640	47.880	61.050	121.300
$Ratio_{i,j}$	1 967	1.417	1.188	0.090	0.720	1.090	1.630	9.600
$lnInvest_{i,j}$	1 967	20.430	1.849	9.758	19.360	20.530	21.590	26.460
$lnSubsidy_{i,j}$	1 967	16.210	2.970	0	15.640	16.540	17.500	22.000
$lnAsset_{i,j}$	1 967	22.750	1.307	17.810	21.850	22.620	23.500	27.390
$lnValue_{i,j}$	1 967	22.780	1.864	0	22.250	22.780	23.420	26.650
$lnValue\_free_{i,j}$	1 967	22.000	1.790	0	21.520	22.020	22.600	25.660

（3）回归结果分析

本章在上文收集的沪深证券交易所新能源上市公司和对照组上市公司年报数据的基础上，分别构建模型（5-2）、模型（5-3）、模型（5-4）并进行 OLS 回归，回归结果见表 5-3。

表 5-3　回归结果

variable	(5-2) $RD_{i,j}$	(5-3) $RD_{i,j}$	(5-4) $RD_{i,j}$
New_energy$_{i,j}$	0.441 9 ***	0.447 3 ***	0.474 6 ***
	(0.124 3)	(0.116 9)	(0.116 1)
Institution_ratio$_{i,j}$	−0.025 6 ***		−0.012 6 ***
	(0.003 2)		(0.003 3)
Major_ratio$_{i,j}$	−0.014 3 ***		−0.014 1 ***
	(0.004 8)		(0.005 1)
Indep$_{i,j}$	3.855 3 ***		3.213 1 ***
	(1.146 1)		(1.080 3)
Duality$_{i,j}$	0.152 6		0.049 2
	(0.155 0)		(0.145 4)
Lev$_{i,j}$		0.000 3	−0.001 1
		(0.004 5)	(0.004 5)
Ratio$_{i,j}$		0.450 2 ***	0.429 0 ***
		(0.066 7)	(0.066 3)
lnInvest$_{i,j}$		0.063 3	0.028 2
		(0.047 0)	(0.047 2)
lnSubsidy$_{i,j}$		0.249 1 ***	0.246 4 ***
		(0.021 5)	(0.021 3)
lnAsset$_{i,j}$		−0.812 3 ***	−0.661 3 ***
		(0.081 2)	(0.084 7)
lnValue$_{i,j}$		−0.427 0 ***	0.065 1
		(0.151 6)	(0.177 1)
lnValue_free$_{i,j}$		0.576 3 ***	0.062 7
		(0.153 6)	(0.181 4)
_cons	2.642 1 ***	12.080 4 ***	9.378 3 ***
	(0.463 2)	(1.194 8)	(1.295 2)
N	1 967	1 967	1 967
R^2	0.077	0.192	0.211
F	32.585 8	58.330 4	43.599 8

注: * 、** 、*** 分别表示 $p < 0.1$、$p < 0.05$、$p < 0.01$, 括号内为稳健标准误。

本章选择表 5-3 中模型 (5-4) 对新能源上市公司及对照组上市公司在研发投资强度方面的差异进行实证分析, 可以得出以下结论:

第一, 从解释变量来看, New_energy$_{i,j}$ 为正, 且在 1% 的置信水平上通过显著性检验。实证结果表明，相较于未受新能源政策支持的对照组上市公司，受政策支持的新能源上市公司研发投资强度更高，从而证明研究假设 HB1 成立。

从治理控制变量来看，①Institution_ratio$_{i,j}$和 Major_ratio$_{i,j}$均为负，且在 1% 的置信水平上通过显著性检验。实证结果表明，机构投资者比例过高以及股权过度集中并不利于新能源上市公司研发投资强度的提高。这与王文华等（2014）、Kwon 和 Yin（2006）的研究结果是一致的。同时，大股东往往由于资产过于集中而倾向于回避风险较高、不确定性较大的研发投资（叶志强 等，2017）。②Indep$_{i,j}$为正，且在 1% 的置信水平上通过显著性检验。实证结果表明，独立董事比例与新能源上市公司研发投资强度显著正相关。独立董事不担任公司董事以外的其他职务，其主要职责在于运用其独立客观的判断对企业进行监督。一方面，规避企业管理层推出高风险项目；另一方面，为所服务的企业的决策尤其是战略性决策提供专业化指导和参考意见。独立董事因其具备的专业知识、专业技能，能够提出较为公正、客观的意见，且更为关注公司的战略发展。因此，独立董事比例越高，越有利于企业研发投资强度的提高。这与张宗益和张湄（2007）的研究结果是一致的。

从财务控制变量来看，①Ratio$_{i,j}$为正，且在 1% 的置信水平上通过显著性检验。实证结果表明，短期偿债能力会影响新能源上市公司研发投资强度。企业研发需要投入大量资金且短期内获得回报的可能性较低（周期长）。如果企业短期融资约束大，那么势必会减少研发投资。因此，企业短期偿债能力会对企业研发投资产生影响。与短期偿债能力较弱的企业相比，短期偿债能力较强的企业更倾向于提高研发投资强度。这与刘春玉（2014）的研究结论是一致的。②lnSubsidy$_{i,j}$为正，且在 1% 的置信水平上通过显著性检验。实证结果表明，财政补贴与新能源上市公司研发投资强度显著正相关，财政补贴能够促进新能源企业提高研发投资强度。这与成力为等（2017）、高艳慧等（2012）、解维敏等（2009）、程华和赵祥（2008）的研究结果是一致的。

从基本控制变量来看，lnAsset$_{i,j}$为负，且在 1% 的置信水平上通过显著性检验。实证结果表明，上市公司资产规模与新能源上市公司研发投资强度显著负相关。新能源产业中并不是公司资产规模越大，公司的研发投资强度就越高。这与李经路（2016）、王文翌和安同良（2014）的研究结果是一致的。

5.2.2　新能源上市公司研发投资影响因素实证研究

5.2.2.1　计量模型

本章通过构建计量模型，采用 OLS 回归分析法，进一步研究新能源上市公司研发投资的影响因素。

模型（5-5）设定如下：

$$RD_{i,j} = \alpha + \beta_0 \ln Subsidy_{i,j} + \beta_1 Institution\_ratio_{i,j} + \beta_2 Major\_ratio_{i,j} + \beta_3 Independ_{i,j} + \beta_4 Duality_{i,j} + \beta_5 Lev_{i,j} + \beta_6 Ratio_{i,j} + \beta_7 \ln Invest_{i,j} + \beta_8 \ln Asset_{i,j} + \beta_9 \ln Value_{i,j} + \beta_{10} \ln Value\_free_{i,j} + \varepsilon_{i,j}$$

变量说明如表5-4所示：

表5-4　变量说明

变量类型	变量	变量说明	备注
被解释变量	$RD_{i,j}$	研发投资强度	i 上市公司 j 年的研发投资强度，用研发费用占营业收入的比例来表示
解释变量	$\ln Subsidy_{i,j}$	财务状况指标	i 上市公司 j 年获得的财政补贴取对数
治理控制变量	$Institution\_ratio_{i,j}$	机构投资者持股比例	i 上市公司 j 年的机构投资者持股比例
治理控制变量	$Major\_ratio_{i,j}$	大股东持股比例	i 上市公司 j 年的大股东持股比例
治理控制变量	$Indep_{i,j}$	独立董事比例	i 上市公司 j 年的董事会独立董事比例
治理控制变量	$Duality_{i,j}$	两职合一指标	i 上市公司 j 年的董事长和总经理是否为同一人，$Duality_{i,j}$ 为 1 代表董事长和总经理是同一人；为 0 代表董事长和总经理不是同一人
财务控制变量	$Lev_{i,j}$	财务状况指标	i 上市公司 j 年的资产负债率
财务控制变量	$Ratio_{i,j}$	短期偿债能力指标	i 上市公司 j 年的速动比率
财务控制变量	$\ln Invest_{i,j}$	投资活动指标	i 上市公司 j 年的投资活动现金流出取对数
基本控制变量	$\ln Asset_{i,j}$	资产规模指标	i 上市公司 j 年的资产规模取对数
基本控制变量	$\ln Value_{i,j}$	企业价值指标	i 上市公司 j 年的总市值取对数
基本控制变量	$\ln Value\_free_{i,j}$	企业价值指标	i 上市公司 j 年的流通市值取对数

模型（5-5）中，解释变量和控制变量均采用年度数据。$RD_{i,j}$ 代表 i 上市公司 j 年的研发投资强度，用研发费用占营业收入的比例来表示；$lnSubsidy_{i,j}$ 代表 i 上市公司 j 年获得的财政补贴取对数；$Institution\_ratio_{i,j}$ 代表 i 上市公司 j 年的机构投资者持股比例；$Major\_ratio_{i,j}$ 代表 i 上市公司 j 年的大股东持股比例；$Indep_{i,j}$ 代表 i 上市公司 j 年的独立董事比例；$Duality_{i,j}$ 代表 i 上市公司 j 年的董事长和总经理是否为同一人，$Duality_{i,j}=1$ 代表董事长和总经理是同一人，$Duality_{i,j}=0$ 代表董事长和总经理不是同一人；$Lev_{i,j}$ 代表 i 上市公司 j 年的资产负债率；$Ratio_{i,j}$ 代表 i 上市公司 j 年的速动比率，表示上市公司的短期偿债能力；$lnInvest_{i,j}$ 代表 i 上市公司 j 年的投资活动现金流出取对数；$lnAsset_{i,j}$ 代表 i 上市公司 j 年的资产规模取对数；$lnValue_{i,j}$ 代表 i 上市公司 j 年的总市值取对数；$lnValue\_free_{i,j}$ 代表 i 上市公司 j 年的流通市值取对数；$\varepsilon_{i,j}$ 为干扰项。

5.2.2.2　回归分析

（1）数据说明

本章对《可再生能源发展"十三五"规划》颁布后的 2016 年、2017 年和 2018 年的新能源上市公司样本进行处理。由于回归过程中控制变量数据的缺失，最终得到用于本次回归的样本数据共计 1 011 个。

（2）描述性统计

①总体样本

新能源上市公司样本的描述性统计见表 5-5。

表 5-5　新能源上市公司样本描述性统计

variable	N	mean	sd	min	p25	p50	p75	max
$RD_{i,j}$	1 011	2.962	2.261	0	0.880	3.170	4.230	18.37
$lnSubsidy_{i,j}$	1 011	16.380	2.797	0	15.760	16.700	17.550	22.000
$Institution\_ratio_{i,j}$	1 011	42.220	23.110	0.010	23.470	42.020	60.470	140.700
$Major\_ratio_{i,j}$	1 011	33.590	15.090	5.270	21.680	31.270	43.620	79.380
$Indep_{i,j}$	1 011	0.365	0.049	0.250	0.333	0.333	0.375	0.667
$Duality_{i,j}$	1 011	0.211	0.408	0	0	0	0	1
$Lev_{i,j}$	1 011	48.450	19.210	5.120	33.840	49.070	61.510	121.300

表5-5（续）

variable	N	mean	sd	min	p25	p50	p75	max
$Ratio_{i,j}$	1 011	1.374	1.117	0.130	0.740	1.110	1.570	9.600
$lnInvest_{i,j}$	1 011	20.540	1.774	9.758	19.580	20.630	21.590	26.460
$lnAsset_{i,j}$	1 011	22.840	1.329	17.810	21.960	22.680	23.600	27.390
$lnValue_{i,j}$	1 011	22.900	0.909	20.780	22.280	22.760	23.450	26.650
$lnValue\_free_{i,j}$	1 011	22.120	0.826	20.110	21.570	22.040	22.590	25.230

从表5-5可以看出，$RD_{i,j}$的均值为2.962，中位值为3.170，说明样本中大部分上市公司的研发投资强度较低；$lnSubsidy_{i,j}$的均值为16.380，中位值为16.700，说明样本上市公司获得的财政补贴普遍较低；$Institution\_ratio_{i,j}$的均值为42.220，中位值为42.020，说明样本上市公司的机构投资者持股比例普遍较高；$Major\_ratio_{i,j}$的均值为33.590，中位值为31.270，说明样本中大部分上市公司的大股东持股比例较高；$Indep_{i,j}$的均值为0.365，中位值为0.333，说明样本上市公司的独立董事比例普遍较高；$Duality_{i,j}$的均值为0.211，说明样本中大部分上市公司的董事长和总经理不是同一人；$Lev_{i,j}$的均值为48.450，中位值为49.070，说明样本中大部分上市公司的资产负债率较低；$Ratio_{i,j}$的均值为1.374，中位值为1.110，说明样本上市公司的短期偿债能力普遍较强；$lnInvest_{i,j}$的均值为20.540，中位值为20.630，说明样本上市公司的投资活动现金流出普遍较少；$lnAsset_{i,j}$的均值为22.840，中位值为22.680，说明样本上市公司的资产规模较大；$lnValue_{i,j}$的均值为22.900，中位值为22.760；$lnValue\_free_{i,j}$的均值为22.120，中位值为22.040。

②按所有制性质分类

产业政策的执行结果具有典型的所有制偏差。戴小勇等（2014）的研究发现，产业支持政策明显向国有企业倾斜，对民营企业的挤出效应明显，国有企业，尤其是中央企业是新能源产业研发投资的主力军。

本章借鉴李春涛和宋敏（2010）、唐跃军和左晶晶（2014）、张宗益和张湄（2007）的研究成果，将新能源上市公司按照所有权性质划分为国有控股和非国有控股新能源上市公司来探讨所有权性质的不同对新能源上市公司研发投资强度的影响。

从国有控股新能源上市公司的描述性统计（见表5-6）可以看出，$RD_{i,j}$ 的均值为 2.321，中位值为 2.120，说明样本中大部分上市公司的研发投资强度较高；$lnSubsidy_{i,j}$ 的均值为 16.440，中位值为 16.900，说明样本上市公司获得的财政补贴普遍较低；$Institution\_ratio_{i,j}$ 的均值为 52.200，中位值为 53.530，说明样本上市公司的机构投资者持股比例普遍较低；$Major\_ratio_{i,j}$ 的均值为 37.980，中位值为 35.51，说明样本中大部分上市公司的大股东持股比例较高；$Indep_{i,j}$ 的均值为 0.365，中位值为 0.333，说明样本上市公司的独立董事比例普遍较高；$Duality_{i,j}$ 的均值为 0.096，中位值为 0，说明样本中大部分上市公司的董事长和总经理不是同一人；$Lev_{i,j}$ 的均值为 55.090，中位值为 56.600，说明样本中大部分上市公司的资产负债率较低；$Ratio_{i,j}$ 的均值为 1.099，中位值为 0.940，说明样本上市公司的短期偿债能力普遍较强；$lnInvest_{i,j}$ 的均值为 20.840，中位值为 20.980，说明样本上市公司的投资活动现金流出普遍较少；$lnAsset_{i,j}$ 的均值为 23.380，中位值为 23.160，说明样本中上市公司的资产规模普遍较大；$lnValue_{i,j}$ 的均值为 23.060，中位值为 22.890；$lnValue\_free_{i,j}$ 的均值 22.230，中位值为 22.130。

表5-6 国有控股新能源上市公司样本描述性统计

variable	N	mean	sd	min	p25	p50	p75	max
$RD_{i,j}$	439	2.321	2.261	0	0.060	2.120	3.880	9.890
$lnSubsidy_{i,j}$	439	16.440	3.357	0	15.950	16.900	17.920	22.000
$Institution\_ratio_{i,j}$	439	52.200	19.940	0.820	37.330	53.530	67.610	91.480
$Major\_ratio_{i,j}$	439	37.980	16.320	5.280	25.830	35.510	50.150	79.380
$Indep_{i,j}$	439	0.365	0.053	0.300	0.333	0.333	0.375	0.667
$Duality_{i,j}$	439	0.096	0.294	0	0	0	0	1
$Lev_{i,j}$	439	55.090	19.450	5.180	40.890	56.600	69.580	121.300
$Ratio_{i,j}$	439	1.099	0.770	0.130	0.590	0.940	1.320	4.930
$lnInvest_{i,j}$	439	20.840	1.981	9.758	19.860	20.980	22.010	26.460
$lnAsset_{i,j}$	439	23.380	1.419	18.110	22.390	23.160	24.280	27.390
$lnValue_{i,j}$	439	23.060	0.988	21.000	22.340	22.890	23.670	26.650
$lnValue\_free_{i,j}$	439	22.230	0.870	20.290	21.640	22.130	22.730	25.230

从非国有控股新能源上市公司的描述性统计（见表5-7）可以看出，$RD_{i,j}$的均值为3.453，中位值为3.445，说明样本中大部分上市公司的研发投资强度较高；$lnSubsidy_{i,j}$的均值为16.340，中位值为16.550，说明样本上市公司获得的财政补贴普遍较低；$Institution\_ratio_{i,j}$的均值为34.570，中位值为32.150，说明样本上市公司的机构投资者持股比例普遍较高；$Major\_ratio_{i,j}$的均值为30.220，中位值为29.460，说明样本中大部分上市公司的大股东持股比例较高；$Indep_{i,j}$的均值为0.364，中位值为0.333，说明样本上市公司的独立董事比例普遍较高；$Duality_{i,j}$的均值为0.299，说明样本中大部分上市公司的董事长和总经理不是同一人；$Lev_{i,j}$的均值为43.360，中位值为44.660，说明样本中大部分上市公司的资产负债率较低；$Ratio_{i,j}$的均值为1.585，中位值为1.210，说明样本上市公司的短期偿债能力普遍较强；$lnInvest_{i,j}$的均值为20.300，中位值为20.430，说明样本上市公司的投资活动现金流出普遍较少；$lnAsset_{i,j}$的均值为22.410，中位值为22.340，说明样本中大部分上市公司的资产规模较大；$lnValue_{i,j}$的均值为22.780，中位值为22.660，说明样本中大部分上市公司的企业总市值较大；$lnValue\_free_{i,j}$的均值为22.040，中位值为21.980，说明样本中大部分上市公司的流通市值较大。

表5-7　非国有控股新能源上市公司样本描述性统计

Variable	N	mean	sd	min	p25	p50	p75	max
$RD_{i,j}$	572	3.453	2.137	0	2.220	3.445	4.375	18.370
$lnSubsidy_{i,j}$	572	16.340	2.277	0	15.720	16.550	17.290	21.450
$Institution\_ratio_{i,j}$	572	34.570	22.460	0.010	15.510	32.150	51.220	140.700
$Major\_ratio_{i,j}$	572	30.220	13.130	5.270	20.060	29.460	37.720	77.290
$Indep_{i,j}$	572	0.364	0.045	0.250	0.333	0.333	0.400	0.500
$Duality_{i,j}$	572	0.299	0.458	0	0	0	1	1
$Lev_{i,j}$	572	43.360	17.390	5.120	30.270	44.660	56.380	98.860
$Ratio_{i,j}$	572	1.585	1.284	0.180	0.865	1.210	1.730	9.600
$lnInvest_{i,j}$	572	20.300	1.560	14.480	19.370	20.430	21.290	24.310
$lnAsset_{i,j}$	572	22.410	1.083	17.810	21.730	22.340	23.060	26.160

表5-7(续)

Variable	N	mean	sd	min	p25	p50	p75	max
lnValue$_{i,j}$	572	22.780	0.825	20.780	22.210	22.660	23.340	25.860
lnValue_free$_{i,j}$	572	22.040	0.782	20.110	21.530	21.980	22.520	24.660

③按区域特征分类

徐乐等（2019）的研究发现，上市公司研发投资强度具有显著的区域特征[①]。产业政策对新能源上市公司研发投资强度有促进作用，但政策效应会因区域不同而产生异质性。研究发现，相较于西部地区，东部地区的政策实施效果更好（徐乐 等，2019）。

从东部地区新能源上市公司样本的描述性统计（见表5-8）可以看出，RD$_{i,j}$的均值为3.247，中位值为3.375，说明样本中大部分上市公司的研发投资强度较低；lnSubsidy$_{i,j}$的均值为16.490，中位值为16.74，说明样本中大部分上市公司获得的财政补贴较低；Institution_ratio$_{i,j}$的均值为40.860，中位值为39.740，说明样本上市公司的机构投资者持股比例普遍较高；Major_ratio$_{i,j}$的均值为33.080，中位值为30.908，说明样本中大部分上市公司的大股东持股比例较高；Indep$_{i,j}$的均值为0.364，中位值为0.333，说明样本上市公司的独立董事比例普遍较高；Duality$_{i,j}$的均值为0.237，说明样本中大部分上市公司的董事长和总经理不是同一人；Lev$_{i,j}$的均值为47.710，中位值为48.760，说明样本中大部分上市公司的资产负债率较低；Ratio$_{i,j}$的均值为1.442，中位值为1.130，说明样本上市公司的短期偿债能力普遍较好；lnInvest$_{i,j}$的均值为20.590，中位值为20.670，说明样本中大部分上市公司的投资活动现金流出较少；lnAsset$_{i,j}$的均值为22.780，中位值为22.620，说明样本上市公司的资产规模普遍较大；lnValue$_{i,j}$的均值为22.900，中位值为22.720，说明样本中大部分上市公司

---

① 1986年，六届全国人大四次会议通过的"七五"计划将中国划分为东部、中部、西部三个地区。1997年，八届全国人大五次会议批准设立重庆市为直辖市，并划入西部地区。中国东部、中部、西部地区包括的省（区、市）分别如下：东部地区包括11个省级行政区，分别是北京、天津、河北、辽宁、上海、江苏、浙江、福建、山东、广东和海南；中部地区包括8个省级行政区，分别是山西、吉林、黑龙江、安徽、江西、河南、湖北、湖南；西部地区包括的省级行政区共12个，分别是四川、重庆、贵州、云南、西藏、陕西、甘肃、青海、宁夏、新疆、广西、内蒙古。

的市值较大；lnValue_free$_{i,j}$的均值为 22.120，中位值为 22.030，说明样本中大部分上市公司的流通市值较大。

表 5-8　东部地区新能源上市公司描述性统计

variable	N	mean	sd	min	p25	p50	p75	max
RD$_{i,j}$	714	3.247	2.241	0	1.760	3.375	4.300	18.370
lnSubsidy$_{i,j}$	714	16.490	2.623	0	15.900	16.740	17.530	22.000
Institution_ratio$_{i,j}$	714	40.860	23.680	0.010	21.830	39.740	59.230	140.700
Major_ratio$_{i,j}$	714	33.080	15.170	5.270	21.080	30.980	43.130	79.380
Indep$_{i,j}$	714	0.364	0.046	0.250	0.333	0.333	0.400	0.600
Duality$_{i,j}$	714	0.237	0.425	0	0	0	0	1
Lev$_{i,j}$	714	47.710	18.450	5.120	33.910	48.760	60.170	111.800
Ratio$_{i,j}$	714	1.442	1.199	0.150	0.810	1.130	1.600	9.600
lnInvest$_{i,j}$	714	20.590	1.695	9.758	19.650	20.670	21.500	26.460
lnAsset$_{i,j}$	714	22.780	1.326	17.810	21.970	22.620	23.440	27.390
lnValue$_{i,j}$	714	22.900	0.913	21.000	22.290	22.720	23.400	26.650
lnValue_free$_{i,j}$	714	22.120	0.818	20.110	21.570	22.030	22.550	25.230

从非东部新能源上市公司样本的描述性统计（见表 5-9）可以看出，RD$_{i,j}$的均值为 2.276，中位值为 2.230，说明样本中大部分上市公司的研发投资强度较高；lnSubsidy$_{i,j}$的均值为 16.130，中位值为 16.600，说明样本上市公司获得的财政补贴普遍较低；Institution_ratio$_{i,j}$的均值为 45.500，中位值为 48.560，说明样本上市公司的机构投资者持股比例普遍较高；Major_ratio$_{i,j}$的均值为 34.830，中位值为 32.410，说明样本中大部分上市公司的大股东持股比例较高；Indep$_{i,j}$的均值为 0.366，中位值为 0.333，说明样本上市公司的独立董事比例普遍较高；Duality$_{i,j}$的均值为 0.148，说明样本中大部分上市公司的董事长和总经理不是同一人；Lev$_{i,j}$的均值为 50.240，中位值为 50.540，说明样本中大部分上市公司的资产负债率较低；Ratio$_{i,j}$的均值为 1.209，中位值为 1.030，说明样本上市公司的短期偿债能力普遍较好；lnInvest$_{i,j}$的均值为 20.390，中位值为 20.590，说明样本上市公司的投

资活动现金流出普遍较少；$lnAsset_{i,j}$的均值为 22.960，中位值为 22.890，说明样本中大部分上市公司的资产规模较大；$lnValue_{i,j}$的均值为 22.900，中位值为 22.820，说明样本中大部分上市公司的总市值较大；$lnValue\_free_{i,j}$的均值为 22.130，中位值为 22.050，说明样本中大部分上市公司的流通市值较大。

表 5-9　非东部地区新能源上市公司样本描述性统计

variable	N	mean	sd	min	p25	p50	p75	max
$RD_{i,j}$	297	2.276	2.166	0	0.110	2.230	4.070	8.760
$lnSubsidy_{i,j}$	297	16.130	3.167	0	15.410	16.600	17.710	21.780
$Institution\_ratio_{i,j}$	297	45.500	21.360	1.490	29.760	48.560	62.570	91.480
$Major\_ratio_{i,j}$	297	34.830	14.850	10	21.920	32.410	44.330	77.290
$Indep_{i,j}$	297	0.366	0.053	0.300	0.333	0.333	0.375	0.667
$Duality_{i,j}$	297	0.148	0.356	0	0	0	0	1
$Lev_{i,j}$	297	50.240	20.840	7.810	33.750	50.540	64.410	121.300
$Ratio_{i,j}$	297	1.209	0.869	0.130	0.600	1.030	1.520	4.760
$lnInvest_{i,j}$	297	20.390	1.948	13.550	19.370	20.590	21.750	25.050
$lnAsset_{i,j}$	297	22.960	1.330	20.080	21.880	22.890	24.130	26.160
$lnValue_{i,j}$	297	22.900	0.901	20.780	22.210	22.820	23.570	25.010
$lnValue\_free_{i,j}$	297	22.130	0.845	20.160	21.580	22.050	22.650	24.610

（3）回归结果分析

本章在收集的沪深证券交易所新能源上市公司年报数据的基础上，对新能源上市公司样本构建模型 5-6；同时，为了进一步研究不同所有制新能源上市公司及不同地区新能源上市公司在新能源政策支持下研发投资强度的差异，分别构建模型（5-7）、模型（5-8）、模型（5-9）、模型（5-10），并进行 OLS 回归，回归结果如表 5-10 所示。

表 5-10　回归结果

variable	(5-6) RD$_{i,j}$ 新能源上市公司样本	(5-7) RD$_{i,j}$ 国有控股	(5-8) RD$_{i,j}$ 非国有控股	(5-9) RD$_{i,j}$ 东部地区	(5-10) RD$_{i,j}$ 非东部地区
lnSubsidy$_{i,j}$	0.273 6***	0.261 7***	0.274 5***	0.286 5***	0.248 3***
	(0.025 6)	(0.032 6)	(0.043 0)	(0.033 6)	(0.038 4)
Institution_ratio$_{i,j}$	−0.009 7***	−0.013 2*	−0.001 7	−0.009 6**	−0.009 6
	(0.003 7)	(0.007 1)	(0.004 6)	(0.004 3)	(0.006 9)
Major_ratio$_{i,j}$	−0.004 7	0.007 4	−0.014 9*	−0.011 2*	0.009 5
	(0.005 7)	(0.008 2)	(0.008 1)	(0.006 7)	(0.010 0)
Indep$_{i,j}$	−0.802 7	−2.888 6	1.983 6	0.399 1	−2.345 6
	(1.325 1)	(1.885 1)	(1.895 2)	(1.645 1)	(2.209 3)
Duality$_{i,j}$	0.017 7	−0.246 4	0.070 5	−0.079 6	0.226 5
	(0.160 5)	(0.328 5)	(0.188 6)	(0.183 8)	(0.317 1)
Lev$_{i,j}$	−0.002 1	0.002 6	−0.003 7	−0.004 5	−0.005 8
	(0.005 2)	(0.007 6)	(0.007 8)	(0.006 5)	(0.008 6)
Ratio$_{i,j}$	0.224 3***	0.145 9	0.309 2***	0.278 4***	−0.251 3
	(0.078 6)	(0.170 9)	(0.096 2)	(0.088 4)	(0.183 9)
lnInvest$_{i,j}$	−0.021 4	0.078 6	−0.376 9**	−0.637 6***	−0.198 8**
	(0.056 3)	(0.080 6)	(0.167 2)	(0.138 6)	(0.087 8)
lnAsset$_{i,j}$	−0.706 2***	−0.898 0***	0.452 4	0.582 9**	−0.680 7***
	(0.112 6)	(0.171 6)	(0.307 6)	(0.277 0)	(0.189 2)
lnValue$_{i,j}$	0.301 1	−0.024 4	−0.354 1	−0.407 6	−0.441 6
	(0.228 3)	(0.352 8)	(0.297 0)	(0.268 6)	(0.384 3)
lnValue_free$_{i,j}$	0.128 8	0.712 8**	−0.154 2*	0.014 9	1.355 0***
	(0.219 5)	(0.339 1)	(0.081 0)	(0.071 7)	(0.359 4)
_cons	5.947 5***	3.282 8	7.486 9***	8.859 9***	−0.393 3
	(1.872 1)	(2.661 0)	(2.730 7)	(2.222 9)	(3.253 7)
N	1 011	439	572	714	297
R^2	0.215	0.242	0.134	0.216	0.268
F	24.806 2	12.372 1	7.876 1	17.577 9	9.485 4

注：*、**、*** 分别表示 $p < 0.1$、$p < 0.05$、$p < 0.01$，括号内为稳健标准误。

由表 5-10 可以得出以下结论：

第一，从解释变量来看，①模型（5-6）中，lnSubsidy 为正，且在 1% 的置信水平上通过显著性检验。实证结果表明，在受新能源政策支持的新能源上市公司中，政策支持力度越大，上市公司研发投资强度越高，从而证明研究假设 HB2 成立。②模型（5-7）、模型（5-8）中，lnSubsidy 为正，且在 1% 的置信水平上通过显著性检验。实证结果表明，在受新能源政策支持的新能源上市公司中，政策支持力度越大，国有控股与非国有控股新能源上市公司的研发投资强度都越高，从而证明研究假设 HB2 成立。③模型（5-9）、模型（5-10）中，lnSubsidy 为正，且在 1% 的置信水平上通过显著性检验。实证结果表明，在受新能源政策支持的新能源上市公司中，政策支持力度越大，东部地区与非东部地区新能源上市公司的研发投资强度都越高，从而证明研究假设 HB2 成立。

第二，从治理控制变量来看，模型（5-6）中，Institution_ratio$_{i,j}$ 为负，且在 1% 置信水平上通过显著性检验。我们进一步观察不同所有制样本和不同地区样本的回归结果发现，国有控股和东部地区新能源上市公司的机构持股比例越高，其研发投资强度都越低。这可能是因为，新能源研发投资具有高风险性、不确定性、投资周期长且回报不可独享的特征。所以，机构投资者为了能够分享新能源上市公司确定的财务投资收益，往往不愿意提高其研发投资强度。

第三，从财务控制变量来看，模型（5-6）中，Ratio$_{i,j}$ 与新能源上市公司研发投资强度呈正相关关系，且在 1% 置信水平上通过显著性检验。我们进一步观察不同所有制样本和不同地区样本的回归结果发现，非国有控股和东部地区新能源上市公司的速动比率越高，其研发投资强度也越高。这说明，速动比率对新能源上市公司研发投资强度具有显著的正向效应，即资产流动性越好的企业研发投资强度越高（赵玮 等，2015）。企业研发投资是一项昂贵的工程，需要长期投入大量资金。企业一般有两种方式获取融资：一种是内部留存收益，但是内部融资十分有限；另一种则是外部融资。由于企业研发投资面临着极大的不确定性和信息不对称，其往往面临着融资约束。刘春玉（2014）的研究发现，高新技术企业研发投资面临较高的融资约束。张铁山和邓新策（2016）的研究发现，企业短期偿债能力越强，研发投资强度越高。

5.3 小结

本章在第 4 章的基础上，研究新能源政策颁布后新能源上市公司与传统上市公司在研发投资强度方面的差异，并讨论政策支持力度与上市公司研发投资强度之间的关系。研究结论如下：

第一，在新能源企业与传统企业研发投资强度的实证研究中，新能源企业与研发投资强度显著正相关，证明了在新能源政策颁布后，相较于传统企业，新能源企业的研发投资强度更大。

第二，在产业政策支持力度与新能源企业研发投资强度的实证研究中，产业政策支持力度与新能源企业研发投资强度显著正相关，证明了在受新能源政策支持的企业中，政策支持力度越大，企业研发投资强度越高。

综上所述，产业政策能有效降低信息收集成本、缓解市场信息不对称、减少交易成本，从而对企业研发投资产生正向激励作用。同时，产业政策的引导能有效增加公共产品的供给。在新能源政策颁布后，相较于传统企业，新能源企业的研发投资强度更高；在受新能源政策支持的企业中，政策支持力度越大，企业研发投资强度越高。

6 中国新能源政策长期宏观经济效应研究:基于绿色经济发展的实证分析

在全球环境恶化、气候变暖等背景之下,世界各国纷纷关注并重视发展绿色经济。世界银行的数据显示,1971 年中国人均能耗量为 464.93 千克油当量,2014 年中国人均能耗量增长到 2 236.73 千克油当量。中国是能源消费大国,人均能源消耗量的快速增长给经济和环境的可持续发展带来了较大压力,调整经济结构、转变经济发展方式成了国民经济发展的主要任务之一。从经济、社会、环境以及能源安全的角度来看,粗放型的能源消费模式和经济增长模式不可持续。中国必须削减化石能源使用总量、降低能耗强度、减少碳排放、发展新能源、发展绿色经济(刘磊,2012)。

推动绿色经济发展的关键是发展新能源,而新能源政策是新能源发展的有力保障。新能源政策能为绿色生产和绿色消费提供基础保障,从而推动低碳经济、循环经济发展,并成为绿色经济发展的重要推动力(刘澄 等,2011;杨林 等,2012;许冠南 等,2016;马红 等,2015)。

补贴、税收等政策工具在各国新能源产业的发展过程中都起到重要作用。新能源政策颁布后,能否有效推进新能源产业高速发展,从而促进绿色经济发展?本章通过构建实证模型,分析新能源政策能否有效降低单位 GDP 能耗,研究新能源政策是否有助于提高绿色经济发展水平。

6.1　理论分析与研究假设

低碳经济和循环经济是绿色经济的重要组成部分。低碳经济要求使用清洁能源、提高传统能源利用效率、吸收经济活动产生的碳排放，被视为能源意义上的绿色经济。循环经济要求减少对自然资源的消耗、加强自然资源的重复利用、将废弃物转化为资源并加以利用，可以看作绿色经济在物质流维度的体现（诸大建，2012）。

绿色经济与褐色经济的区别主要在于资本配置的不同。褐色经济资本配置突出将资本重点放在消耗自然资本、减少人力资本的相关领域；而绿色经济资本配置则突出通过减少自然资本的消耗、增加人力资本的方式实现经济增长。绿色经济强调资本主要投资于环境友好、资源节约的领域。其中，可再生能源、新能源领域就是绿色经济强调的重要领域之一（诸大建，2012）。

发展绿色经济需要采用系统的方法，从发展观念、政策推行、技术支持等多个角度共同努力。首先，要树立正确的观念。环境保护和经济发展不是矛盾的两面，环境保护并不意味着要牺牲经济发展；发展经济也并不意味着要破坏环境。其次，要引导政府部门及私人部门的投资方向。政府通过出台政策提供激励机制，构建绿色经济的市场基础，加强绿色经济市场化机制；企业通过准确理解政策，加强投资，从而切实把握政策带来的发展机遇。最后，要持续推进技术创新。绿色技术创新是第六次技术创新浪潮①的主要内容，绿色经济学家认为这次技术创新浪潮的主要特征是依托低碳能源技术，提高资源利用率（诸大建，2012）。

推动绿色经济发展的关键是发展新能源，而新能源政策是新能源发展的有力保障。党的十九大报告指出，要加快法律制度建设和加强政策导向，为绿色生产和绿色消费提供基础保障，推动低碳经济、循环经济发

---

① 诸大建（2012）认为，世界经历了 1785 年、1845 年、1900 年、1950 年、1990 年和 2020 年共六次技术创新浪潮。其中，绿色技术创新是第六次技术创新的主要内容。第六次技术创新浪潮的标志是通过将自然资本纳入生产要素来不断提高自然资本生产率。

展。政府大力扶持新能源发展并推广新能源应用，以风电、光伏发电为主的新能源近年来得到了快速的发展和进步。例如，2018 年，国家发展改革委出台的《关于创新和完善促进绿色发展价格机制的意见》提出，到 2020 年，要基本形成有利于绿色发展的价格机制和价格政策体系；到 2025 年，要形成更加完善的适应绿色发展要求的价格机制。由此可见，产业政策是绿色经济发展的重要推动力。

部分学者关注了政府在产业发展过程中起到的作用（刘澄 等，2011；杨林 等，2012；许冠南 等，2016；马红 等，2015）。补贴、税收等政策工具在各国新能源产业的发展过程中均起到重要作用，能有效推进新能源产业高速发展。

已有研究发现，在产业发展过程中，政府主要通过弥补市场失灵、推动资源优化配置、引导产业技术升级、促进企业有效竞争、科学调整产业布局五个方面起作用（刘澄 等，2011）。政府产业政策为战略性新兴产业提供基础和牵引，能够促进战略性新兴产业的发展（杨林 等，2012）。政府采购与财政补贴是两种经典的产业政策工具，在推动战略性新兴产业加速发展中起到促进作用（许冠南 等，2016；马红 等，2015）。

政策对尚处于成长期的新能源产业的可持续发展是必要的，且具有显著的影响（张卫国 等，2015；唐安宝 等，2016；周亚虹 等，2015；戚聿东 等，2016；余达锦，2015）。政府主要在引导产业前期发展、扶持产业发展、营造产业发展投资环境等方面扮演重要角色（张卫国 等，2015）。在产业发展的不同阶段，产业政策的影响会有所不同：在产业发展初期，随着财政补贴的增加，新能源产业具有较大优势；但在产业扩展后，这种优势难以持续（周亚虹 等，2015）。也有研究发现，在低碳经济发展过程中，产业政策能有效促进新能源产业的发展（余达锦，2015）。彭文兵等（2018）认为，推动绿色经济发展的关键举措之一就是发展新能源产业。从长期来看，产业政策对新能源推广有促进作用。

综上所述，在经济发展的过程中，大多数发达国家及发展中国家都普遍使用了产业政策来扶持相关产业发展，以弥补市场失灵带来的效率损失，从而推动产业和技术升级。为保证新能源产业稳定、持续地发展，国家需要逐步构建并完善产业政策体系，从顶层设计到中长期规划对新能源产业进行引导和扶持，为新能源产业发展提供有力的政策保障，为新能源发展由政府主导过渡到市场主导提供条件，从而吸引社会各方看好新能源产业并将资源投入新能源产业。因此，本章提出以下研究假设：

研究假设 HC1：从政策效力来看，新能源政策能有效降低单位 GDP 能耗，提高绿色经济发展水平。

研究假设 HC2：从政策时效性来看，新能源政策在降低单位 GDP 能耗、提高绿色经济发展水平方面具有持续性。

中国不同地区在地理位置、人口密度、经济发展水平、创新能力等方面均存在差异，这使得中国新能源产业和企业主要分布在市场经济更加发达的东部地区，进而导致中国不同地区的绿色经济发展也存在发展不均衡的问题。郭晓丹等（2014）认为，中国的产业政策效果存在显著的区域差异，这种区域差异可能源于各地经济发展水平及资源禀赋差异等因素。张颖等（2020）在产业政策有效性的研究中发现，产业政策的影响在东部地区和非东部地区存在显著差异，非东部地区对产业政策存在明显的滞后效应。

孙早等（2015）认为，中国产业政策的实施效果不仅取决于政府的经济发展目标，还受制于不同地区的经济发展水平和市场化程度。在中西部等欠发达地区，地方政府在落实产业政策时，可能会达不到预期目标；而在市场经济较为发达的东部地区，市场机制有利于地方政府提高资源配置效率，从而更好地发挥产业政策的正向激励作用。

综上所述，不同地区经济发展水平存在较大差异，使得各地政府在制定新能源政策时，对产业的扶持、技术创新的奖励等方面都存在较大差异。因此，本章提出以下研究假设：

研究假设 HC3：从政策效力的区域差异来看，新能源政策在降低单位 GDP 能耗、提高绿色经济发展水平方面存在区域差异，且东部地区明显强于非东部地区。

6.2 新能源政策长期宏观经济效应研究：基于绿色经济的实证分析

6.2.1 研究设计与数据来源

6.2.1.1 计量模型

绿色经济发展水平测度的指标有很多，2015 年 6 月，生态环境部环境与政策研究中心与世界自然基金会（WWF）共同发布的《面向绿色经济决策的指标工具及实证研究》对现有的绿色经济总量指标和绿色经济相对指标进行了较为全面的梳理和评估，构建了系统的绿色经济指标体系，其中，单位 GDP 能耗是该指标体系中的重要指标。根据科学性和权威性原则，本章选取单位 GDP 能耗作为绿色经济发展水平的代理变量。图 6-1 为 2000—2017 年全国单位 GDP 能耗变化趋势①。

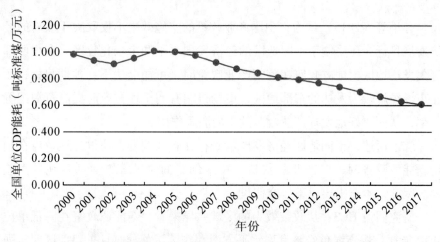

图 6-1　2000—2017 年全国单位 GDP 能耗变化趋势

中央和地方出台的新能源政策代表各级政府对绿色经济发展的规划和对绿色产业发展的指导。现有研究通常用中央和地方的新能源政策出台条数来代表各级政府的政策支持力度，新能源政策出台条数越多反映各级政

---

① 数据来源：Wind。

府对相关问题越重视（曾婧婧 等，2015）。本章借鉴已有研究，用中央和地方的新能源政策出台条数来代表各级政府推动绿色经济发展的政策支持力度，新能源政策出台条数越多反映各级政府对推动绿色经济发展的重视程度越高。由于政策层级不同其作用范围也有所不同，本章对中央新能源政策出台条数的处理方法是：将其分别累计计入各省份当年新能源政策出台条数中。

本章在收集中央及地方新能源政策和地方工业能耗数据的基础上，通过构建新能源政策作用于绿色经济发展的面板回归模型，研究新能源政策与绿色经济发展之间的关系，以考察新能源政策的长期宏观效应，从而验证新能源政策颁布能否有效促进绿色经济发展。模型的构建参考曾婧婧和童文思（2018）、曾婧婧和胡锦绣（2015）的研究方法，用单位 GDP 能耗作为绿色经济发展的代理变量，并选取新能源政策出台条数作为模型的自变量，同时，模型对影响绿色经济发展水平的其他因素也进行了控制。模型（6-1）设定如下：

$$\text{ECUG}_{i,j} = \alpha + \beta_0 \text{policy\_accu}_{i,j} + \beta_1 \text{SE}_{i,j} + \beta_2 \text{OE}_{i,j} + \\ \beta_3 \text{INVE\_energy}_{i,j} + \beta_4 \text{INVE}_{i,j} + \varepsilon_{i,j}$$

变量说明如表 6-1 所示。

表 6-1 变量说明

变量类型	变量	变量说明	备注
被解释变量	$\text{ECUG}_{i,j}$	单位 GDP 能耗	i 省份 j 年的单位 GDP 能耗，用能源消费总量占 GDP 的比例来表示
解释变量	$\text{policy\_accu}_{i,j}$	新能源政策出台条数	i 省份 j 年的新能源政策出台条数
控制变量	$\text{SE}_{i,j}$	第二产业占比	i 省份 j 年的第二产业占比，用第二产业产值占 GDP 的比例来表示
控制变量	$\text{OE}_{i,j}$	城镇就业率	1 减 i 省份 j 年的城镇失业率
控制变量	$\text{INVE\_energy}_{i,j}$	能源工业固定资产投资	i 省份 j 年的能源工业固定资产投资
控制变量	$\text{INVE}_{i,j}$	全社会国有固定资产投资	i 省份 j 年的全社会固定资产投资国有部分

模型（6-1）中，解释变量和控制变量均采用年度数据。$\text{ECUG}_{i,j}$ 代表 i 省份 j 年的单位 GDP 能耗，用能源消费总量占 GDP 的比例来表示。policy

$\_accu_{i,j}$ 代表 i 省份 j 年的新能源政策出台条数。$SE_{i,j}$ 代表 i 省份 j 年的第二产业占比，用第二产业产值占 GDP 的比例来表示，是衡量经济结构的代理指标。工业能耗是国家总能耗的主要组成部分，第二产业占比越大，说明工业对经济的贡献就越大。$OE_{i,j}$ 代表 i 省份 j 年的城镇就业率，用 1 减 i 省份 j 年的城镇失业率计算可得。城镇就业率代表该地区当年的劳动力水平，劳动力水平越高，该地区在绿色经济发展中投入的人力资源就越多。$INVE\_energy_{i,j}$ 代表 i 省份 j 年的能源工业固定资产投资，用来衡量能源工业资产规模。能源工业固定资产投资越多，能源变革和能源产业结构在转型升级中投入的资产就越多。$INVE_{i,j}$ 代表 i 省份 j 年的全社会国有固定资产投资，全社会国有固定资产投资越多，资本存量就越大，即有更多的资产投入能源变革和能源产业结构的转型升级中。$\varepsilon_{i,j}$ 为随机误差项。

6.2.1.2　数据来源

（1）数据说明

①新能源政策样本

本章新能源政策来自北大法宝数据库，经过梳理共得到各省份新能源政策样本 540 个。

②单位 GDP 能耗

由于西藏自治区的能源消费总量数据缺失，本章只计算 2000—2017 年全国 30 个省份（不含港澳台）的单位 GDP 能耗。

（2）描述性统计

新能源政策样本的描述性统计见表 6-2。

表 6-2　新能源政策样本描述性统计

variable	N	mean	sd	min	p25	p50	p75	max
$ECUG_{i,j}$	540	1.257	0.756	0.255	0.719	1.050	1.598	4.524
policy accu$_{i,j}$	540	10.740	12.630	0	2.000	6.000	14.000	81.000
$SE_{i,j}$	540	45.790	8.006	19.010	42.000	47.050	51.550	61.500
$OE_{i,j}$	540	96.440	0.733	93.200	95.960	96.400	96.770	100.000
$INVE\_energy_{i,j}$	540	566.400	553.400	6.576	159.600	417.100	761.900	3 383.000
$INVE_{i,j}$	540	2 132.000	1 880.000	83.140	702.900	1 510.000	3 099.000	9 602.000

由表 6-2 可以看出，$ECUG_{i,j}$ 的均值为 1.257，中位值为 1.050，说明样本中部分省份的单位 GDP 能耗较高，从而拉高了均值；$policy\_accu_{i,j}$ 的均值为 10.74，中位值为 6.000，说明样本中大部分省份的新能源政策出台条数低于平均水平，部分省份的新能源政策出台条数较多，从而拉高了均值；$SE_{i,j}$ 的均值为 45.790，中位值为 47.050，两者差别不大；$OE_{i,j}$ 的均值为 96.440，中位值为 96.400，两者差别不大；$INVE\_energy_{i,j}$ 的均值为 566.400，中位值为 417.100，说明样本中大部分省份的能源工业固定投资较少，部分省份能源工业固定投资较多，从而拉高了均值；$INVE_{i,j}$ 的均值为 2 132.000，中位值为 1 510.000，说明样本中大部分省份的全社会国有固定资产投资较少，部分省份的全社会国有固定资产投资较多，从而拉高了均值。

6.2.2 回归分析

6.2.2.1 总体样本回归分析（当期影响）

本章在收集的新能源政策样本和 2000—2017 年各省份单位 GDP 能耗数据的基础上，为了进一步研究新能源政策当期对单位 GDP 能耗的影响，分别构建模型（6-2）至模型（6-6），并进行回归，回归结果如表 6-3 所示。

表 6-3　回归结果（当期）

variable	(6-2) $ECUG_{i,j}$	(6-3) $ECUG_{i,j}$	(6-4) $ECUG_{i,j}$	(6-5) $ECUG_{i,j}$	(6-6) $ECUG_{i,j}$
$policy\_accu_{i,j}$	-0.028 6 ***	-0.026 4 ***	-0.014 3 ***	-0.012 8 ***	-0.011 3 ***
	(0.001 4)	(0.001 5)	(0.001 7)	(0.002 0)	(0.002 0)
$SE_{i,j}$	-0.017 5 ***				-0.012 0 ***
	(0.003 6)				(0.003 2)
$OE_{i,j}$		-0.100 1 ***			-0.049 8
		(0.037 5)			(0.033 6)
$INVE\_energy_{i,j}$			-0.000 5 ***		-0.000 4 ***
			(0.000 0)		(0.000 1)
$INVE_{i,j}$				-0.000 1 ***	-0.000 1 ***
				(0.000 0)	(0.000 0)

表6-3(续)

variable	(6-2) ECUG$_{i,j}$	(6-3) ECUG$_{i,j}$	(6-4) ECUG$_{i,j}$	(6-5) ECUG$_{i,j}$	(6-6) ECUG$_{i,j}$
_cons	2. 364 2***	11. 193 0***	1. 701 7***	1. 680 9***	7. 068 1**
	(0. 166 7)	(3. 612 0)	(0. 023 6)	(0. 024 4)	(3. 248 8)
N	540	540	540	540	540
R^2	0. 456	0. 438	0. 547	0. 516	0. 577
F	212. 799 5	197. 939 5	306. 416 1	270. 798 5	137. 753 4

注:*、**、***分别表示 $p < 0.1$、$p < 0.05$、$p < 0.01$,括号内为稳健标准误。

由表 6-3 可以得出以下结论:

模型 (6-2) 至模型 (6-6) 中,policy_accu$_{i,j}$均为负,且在 1% 置信水平上通过显著性检验。实证结果表明,从政策效力来看,新能源政策能有效降低单位 GDP 能耗,说明新能源政策有助于提高绿色经济发展水平,从而证明研究假设 HC1 成立。

6.2.2.2　总体样本回归分析(滞后一期影响)

本章在上文回归分析的基础上,为了进一步研究新能源政策滞后一期对单位 GDP 能耗的影响,分别构建模型 (6-7) 至模型 (6-11),并进行回归,回归结果如表 6-4 所示。

表 6-4　回归结果(滞后一期)

variable	(6-7) ECUG$_{i,j}$	(6-8) ECUG$_{i,j}$	(6-9) ECUG$_{i,j}$	(6-10) ECUG$_{i,j}$	(6-11) ECUG$_{i,j}$
policy_accu$_{i,j}$	−0. 030 4***	−0. 025 7***	−0. 014 7***	−0. 012 1***	−0. 011 0***
	(0. 001 6)	(0. 001 7)	(0. 001 9)	(0. 002 2)	(0. 002 2)
SE$_{i,j}$	−0. 017 5***				−0. 011 4***
	(0. 003 7)				(0. 003 3)
OE$_{i,j}$		−0. 187 5***			−0. 102 5***
		(0. 039 6)			(0. 036 0)
INVE_energy$_{i,j}$			−0. 000 5***		−0. 000 4***
			(0. 000 0)		(0. 000 1)
INVE$_{i,j}$				−0. 000 1***	−0. 000 1***
				(0. 000 0)	(0. 000 0)

表6-4(续)

variable	(6-7) ECUG$_{i,j}$	(6-8) ECUG$_{i,j}$	(6-9) ECUG$_{i,j}$	(6-10) ECUG$_{i,j}$	(6-11) ECUG$_{i,j}$
_cons	2.317 8***	19.545 3***	1.665 1***	1.643 2***	12.074 0***
	(0.174 1)	(3.811 9)	(0.024 4)	(0.025 2)	(3.462 1)
N	510	510	510	510	510
R^2	0.440	0.439	0.540	0.510	0.578
F	187.477 3	187.390 8	280.415 6	248.654 9	130.170 6

注:*、**、***分别表示 $p < 0.1$、$p < 0.05$、$p < 0.01$,括号内为稳健标准误。

由表6-4可以得出以下结论:

模型(6-7)至模型(6-11)的 policy_accu$_{i,j}$ 均为负,且在1%置信水平上通过显著性检验。实证结果表明,从政策的时效性来看,新能源政策滞后一期后,仍然能有效降低单位 GDP 能耗,说明新能源政策在提高绿色经济发展水平方面具有持续性,从而证明研究假设 HC2 成立。

6.2.2.3 区域对比分析

在上文回归分析的基础上,本章把新能源政策样本分为东部地区样本(包括北京、天津、辽宁、上海、江苏、浙江、福建、山东、广东、海南、河北共11个省份)和非东部地区样本,分别研究新能源政策对单位 GDP 能耗的影响,回归结果如表6-5所示。

表6-5 回归结果(区域对比)

variable	(6-12) ECUG$_{i,j}$ 东部地区	(6-13) ECUG$_{i,j}$ 非东部地区
policy_accu$_{i,j}$	−0.010 7***	−0.009 6***
	(0.002 4)	(0.002 1)
SE$_{i,j}$	0.005 5	−0.016 5***
	(0.004 3)	(0.003 5)
OE$_{i,j}$	−0.063 6**	−0.092 0**
	(0.025 2)	(0.039 4)
INVE_energy$_{i,j}$	−0.000 1	−0.000 4***
	(0.000 1)	(0.000 1)

表6-5(续)

variable	(6-12) $ECUG_{i,j}$ 东部地区	(6-13) $ECUG_{i,j}$ 非东部地区
$INVE_{i,j}$	$-0.000\ 1^{**}$ $(0.000\ 0)$	$-0.000\ 1^{***}$ $(0.000\ 0)$
_cons	$7.067\ 4^{***}$ $(2.429\ 5)$	$11.421\ 1^{***}$ $(3.806\ 9)$
N	198	486
R^2	0.649	0.585
F	67.310 6	128.141 8

注:$*$、$**$、$***$分别表示$p < 0.1$、$p < 0.05$、$p < 0.01$,括号内为稳健标准误。

由表6-5可以得出以下结论:

从policy_accu$_{i,j}$的绝对值来看,东部地区样本的绝对值大于非东部地区样本的绝对征。实证结果表明,东部地区新能源政策能更有效地降低单位GDP能耗,从而证明新能源政策在提高绿色经济发展水平方面存在区域差异。

6.3 小结

本章在第5章的基础上,研究新能源政策颁布后,新能源政策出台条数与单位GDP能耗之间的关系,讨论新能源政策支持力度与绿色经济发展水平之间的关系。本章通过研究得到以下结论:

第一,新能源政策出台条数与单位GDP能耗指标显著负相关,说明新能源政策能有效降低单位GDP能耗,从而证明新能源政策有助于提高绿色经济发展水平。

第二,新能源政策滞后一期后,仍然能有效降低单位GDP能耗,从而证明新能源政策在提高绿色经济发展水平方面具有持续性。

第三,从解释变量的绝对值来看,东部地区样本的绝对值大于非东部地区样本的绝对值,说明东部地区新能源政策能更有效地降低单位GDP能耗，从而证明新能源政策在提高绿色经济发展水平方面存在区域差异，且东部地区明显强于非东部地区。

综上所述，大多数发达国家及发展中国家在经济发展过程中都普遍采用了产业政策扶持有关产业发展，以弥补市场失灵带来的效率损失，从而推动产业和技术升级。从政策效力来看，新能源政策在提高绿色经济发展水平；从政策时效性来看，新能源政策有助于提高绿色经济发展水平方面具有持续性；从政策效力区域差异来看，新能源政策存在区域差异，且东部地区明显强于非东部地区。

7 研究结论、政策建议、研究不足与展望

7.1 研究结论

本书以新能源政策经济效应为研究视角，系统研究中国新能源政策颁布后在微观和宏观层面对新能源上市公司及绿色经济发展的影响。本章从以下三个方面对本书的研究做总结：

第一，新能源政策能有效引导资金流入新能源产业，从而实现对资源的优化配置。

本书通过实证研究发现：①新能源政策颁布后，新能源上市公司样本在事件日（$T=0$），出现了显著为正的平均异常收益率；②新能源政策颁布后，沪深证券交易所新能源上市公司样本都出现了显著为正的异常收益率；③新能源政策颁布后，国有控股和非国有控股新能源上市公司样本都出现了显著为正的异常收益率；④新能源政策颁布后，东部地区和非东部地区新能源上市公司样本都出现了显著为正的异常收益率。由此证明，新能源政策颁布后，新能源上市公司样本会出现显著为正的异常收益率，表明新能源政策能有效引导资金流入新能源产业，从而实现对资源的优化配置。

第二，新能源政策颁布后，相较于传统企业，新能源企业的研发投资强度更高；在受新能源政策支持的企业中，政策支持力度越大，企业研发投资强度越高。

本书通过实证研究发现：产业政策能有效降低信息收集成本、缓解市场信息不对称、减少交易成本，从而对企业研发投资产生正向激励作用。同时，产业政策的引导能有效增加公共产品的供给。在新能源政策颁布后，相较于传统企业，新能源企业研发投资强度更高；在受新能源政策支持的企业中，政策支持力度越大，企业研发投资强度越高。

第三，新能源政策有助于提高绿色经济发展水平。

本书通过实证研究发现：①新能源政策出台条数与单位GDP能耗指标显著负相关，说明新能源政策能有效降低单位GDP能耗，从而证明新能源政策有助于提高绿色经济发展水平。②新能源政策滞后一期后，仍然能有效降低单位GDP能耗，从而证明新能源政策在提高绿色经济发展水平方面具有持续性。③从解释变量的绝对值来看，东部地区样本的绝对值大于非东部地区样本的绝对值，说明东部地区新能源政策能更有效地降低单位GDP能耗，从而证明新能源政策在提高绿色经济发展水平方面存在区域差异，且东部地区明显强于非东部地区。

大多数发达国家及发展中国家在经济发展过程中都普遍采用了产业政策扶持有关产业发展，以弥补市场失灵带来的效率损失，从而推动产业和技术升级。从政策效力来看，新能源政策有助于提高绿色经济发展水平；从政策时效性来看，新能源政策在提高绿色经济发展水平方面具有持续性；从政策效力区域差异来看，新能源政策存在区域差异，且东部地区明显强于非东部地区。

综上所述，新能源政策具有显著的短期微观经济效应和长期宏观经济效应。从短期（3天内）来看，新能源政策会对新能源上市公司的股价产生冲击，实证研究发现，这种利好政策会给新能源上市公司带来正向冲击，出现显著为正的异常收益率；从短期（3年内）来看，相较于传统企业，新能源企业研发投资强度更高，且在受新能源政策支持的企业中，政策支持力度越大的企业的研发投资强度越高；从长期（5年以上）来看，政府通过逐步构建并完善新能源政策体系，为新能源产业发展提供有力的政策保障，从而吸引社会各方看好新能源产业，并将资源投入新能源产业，进而提高绿色经济发展水平。

7.2　政策建议

本书通过实证研究发现，新能源政策具有显著的短期微观效应和长期宏观效应，中国的新能源政策在借鉴欧美国家产业政策的基础上，结合中国国情，对新能源政策进行了完善和创新。另外，欧美及日韩的新能源产业发展经验值得我们借鉴，但是，由于各国国情不同，具体的新能源政策模式存在一定差别。本书以中国国情和资本市场发展特点为基础，结合实证研究结论，提出以下政策建议：

第一，继续坚持和完善财政政策，引导新能源产业良性发展。

特别是在公共产品供给领域，政府通过财政政策的扶持，实现对资源的优化配置，达到弥补市场失灵的目的，进而推动新能源产业的发展。在新能源产业发展初期，财政政策是新能源发展的重要推动力。中国已经初步建立新能源产业的研发和生产体系；为了进一步提高中国新能源产业的国际竞争力，必须进一步配套完善相应的财政政策，从而建立高效的新能源财政政策体系，发挥财政杠杆作用，引导市场力量，进而增强新能源产业的可持续发展能力。

第二，继续坚持和完善税收政策，促进新能源产业健康发展。

国家可以从以下两个方面完善税收政策：其一，完善资源税。合理的资源税有利于促进资源节约，实现节能减排。资源税的征收不仅能体现资源的价值，还能避免资源的浪费，进而推动社会和经济的可持续发展。国家可以从以下两个方面对资源税进行调整：一方面，调整资源税征收方式，由量计征收过渡到价计征收；另一方面，提高单位税率。其二，完善新能源增值税，国家通过降低新能源企业的增值税税率，降低新能源企业经营成本，从而促进新能源产业发展。

第三，继续推进资本市场建设，对新能源企业给予支持和扶持。

新能源企业作为新能源产业重要的微观主体，其发展直接关系着新能源产业的整体发展水平和质量。资本市场对新能源企业发展起到积极促进作用。国家可以从以下两个方面推进资本市场建设：一方面，积极发展直接融资，尤其是股权融资，完善资本市场功能，积极推进多层级资本市场发展，从而拓宽新能源企业获取资金的渠道。另一方面，优化新股发行制度，积极推动新股发行常态化，增强资本市场的融资功能，从而更好地缓解新能源企业融资约束。同时，也要加强资本市场监管，提高资本市场服务的质量和效率，完善并购重组及退出机制，鼓励更多的新能源企业进入资本市场，从而引导资金流入战略性新兴产业。

第四，进一步加大新能源政策对非国有控股企业研发投资的支持和扶持力度，特别是加大对民营企业技术创新的扶持力度。

新能源政策推动民营企业技术创新可以从以下三个方面入手：其一，关注民营企业发展模式，鼓励民营企业遵循可持续发展、绿色发展理念；其二，支持民营企业开展新能源技术创新（王跃生，2020）；其三，优化政策工具，充分考虑不同政策工具对民营企业产生的有利影响和不利冲击，通过政策举措调动民营企业在新能源技术创新方面的投资积极性。

具体措施包括通过税收返还机制，鼓励民营企业从传统增长模式转向绿色增长模式；加大政府对民营企业技术创新活动的补贴力度；针对民营企业技术改造项目提供资金支持、贷款优惠；加大民营企业技术研发人员津贴的税前扣除力度，为民营企业技术研发人员提供社保缴纳优惠政策、个人所得税税收优惠；扩大与研发相关的可享受税收减免的费用范围（李红侠，2014）。

第五，进一步推动绿色发展创新体系建设。

中国应充分借鉴国际经验，以国家战略、法律法规为支撑，以市场化手段为抓手，丰富绿色技术创新、绿色金融支持、国际合作等方面的政策措施，从而构建涵盖节能减排机制、环境规制、技术研发与产业化应用、国际合作的绿色发展创新体系。

绿色发展创新体系的建设不能只偏重工业污染的终末端治理，还要坚决摒弃先污染后治理的传统模式，要站在国家战略层面的高度，走绿色发展的道路，不断完善支撑工业绿色发展的政策体系。工业绿色转型是发展理念的改变，是增长方式的转变，是发展目标的切换，是经济高质量发展的必然选择。

7.3　研究不足与展望

　　产业政策的经济效应研究是经济学研究的重要范畴，欧美发达国家产业政策的起源与发展历程证明，在经济发展的不同阶段，产业政策对经济发展具有重要的引导作用。日韩经济的高速增长以及中国经济的腾飞都得益于产业政策的支持和扶持。

　　中国新能源产业起步较晚，在此过程中，新能源市场发育还不成熟、科技含量较高、研发投资较大，普遍缺乏有效的供给。因此，政府应该在产业培育期，加强产业政策引导和扶持。《可再生能源发展"十三五"规划》印发后，中国新能源产业得到快速发展。本书从短期微观和长期宏观视角，对中国新能源政策颁布后的经济效应进行了系统研究。由于研究条件等客观因素的约束，本书还存在以下三点不足，并提出对应的改进措施。

　　第一，国家各部委及各级地方政府为了促进新能源产业的发展，都积极制定和颁布了一系列针对不同细分领域的新能源政策，而本书的新能源政策样本只选取了国家各部委和省一级的样本数据。另外，本书只对新能源政策样本总体的经济效应进行了研究，并没有对细分领域的新能源政策进行分类研究。因此，未来研究可以增加对不同细分领域新能源政策的对比分析。

　　第二，包括本书在内的大多数国内外相关文献，都是通过对市场反应的讨论来展开对政策颁布的事件研究，而计算机信息技术和"网络爬虫技术"的飞速发展，为研究新能源政策经济效应提供了另外一种可能，即通过对新能源政策内容的爬虫处理，挖掘新能源政策的信息内容。因此，未来研究可以尝试从信息挖掘的角度，继续探讨新能源政策的经济效应。

　　第三，本书主要聚焦在两个方面：一是通过研究新能源政策对新能源上市公司股价波动及研发投资的影响，论证新能源政策能否有效引导资金流入新能源产业，从而实现对资源的优化配置；二是通过研究新能源政策出台条数与单位 GDP 能耗之间的关系，讨论新能源政策支持力度与绿色经济发展水平之间的关系。从微观主体来看，未来研究可以拓展到公司治理领域，继续探讨新能源政策的经济效应，通过构建理论模型的方式，研究新能源政策是否会对上市公司的公司治理产生积极影响，从而进一步优化资源的配置效率。

参考文献

[1] 边文越, 陈挺, 陈晓怡, 等. 世界主要发达国家能源政策研究与启示 [J]. 中国科学院院刊, 2019, 34 (4): 488-496.

[2] 曹东, 赵学涛, 杨威杉. 中国绿色经济发展和机制政策创新研究 [J]. 中国人口·资源与环境, 2012, 22 (5): 48-54.

[3] 车嘉丽, 薛瑞. 产业政策激励影响了企业融资约束吗? [J]. 南方经济, 2017 (6): 92-114.

[4] 陈淡泞. 中国上市公司绿色债券发行的股价效应 [J]. 山西财经大学学报, 2018, 40 (S2): 35-38.

[5] 陈德球, 金雅玲, 董志勇. 政策不确定性、政治关联与企业创新效率 [J]. 南开管理评论, 2016, 19 (4): 27-35.

[6] 陈林, 曲晓辉. 传染性公共卫生事件的市场反应研究: 基于新冠肺炎疫情对中国股市的影响 [J]. 金融论坛, 2020, 25 (7): 25-33, 65.

[7] 陈其安, 方彩霞, 肖映红. 基于上市公司高管人员过度自信的股利分配决策模型研究 [J]. 中国管理科学, 2010, 18 (3): 174-184.

[8] 陈诗一. 能源消耗、二氧化碳排放与中国工业的可持续发展 [J]. 经济研究, 2009, 44 (4): 41-55.

[9] 陈庭翰. 中国汽车产业的技术创新问题与解决路径分析: 以技术维度为视角 [J]. 技术经济与管理研究, 2018 (9): 124-128.

[10] 成力为, 朱孟磊, 李翘楚. 政府补贴对企业 R&D 投资周期性的影响研究: 基于融资约束视角 [J]. 科学学研究, 2017, 35 (8): 1221-1231.

[11] 程华, 赵祥. 企业规模、研发强度、资助强度与政府科技资助

的绩效关系研究：基于浙江民营科技企业的实证研究 [J]. 科研管理,
2008 (2)：37-43.

[12] 程云鹤, 王宛昊, 周强. 安徽绿色经济发展系统动力学模型及
政策仿真 [J]. 华东经济管理, 2019, 33 (6)：14-23.

[13] 崔百胜, 丁宇峰. 股价波动、社会福利与货币政策制定：基于
中国 DSGE 模型的模拟分析 [J]. 财经研究, 2016, 42 (1)：93-102.

[14] 崔欣, 林煜恩, 姚守宇. "经济政策的不确定性" 暴露与股价暴
跌风险 [J]. 金融经济学研究, 2018, 33 (4)：98-108.

[15] 戴小勇, 成力为. 财政补贴政策对企业研发投入的门槛效应
[J]. 科研管理, 2014, 35 (6)：68-76.

[16] 杜勇, 鄢波, 陈建英. 研发投入对高新技术企业经营绩效的影
响研究 [J]. 科技进步与对策, 2014, 31 (2)：87-92.

[17] 范丹, 孙晓婷. 环境规制、绿色技术创新与绿色经济增长 [J].
中国人口·资源与环境, 2020 (6)：105-115.

[18] 方行明, 屈锋, 尹勇. 新农村建设中的农村能源问题：四川省
农村沼气建设的启示 [J]. 中国农村经济, 2006 (9)：56-62.

[19] 方行明, 张焱, 杨锦英, 等. 中国民众能源问题意向与政府政策
导向：基于问卷调查研究 [J]. 经济理论与经济管理, 2018 (10)：87-101.

[20] 冯飞鹏. 产业政策、创新与股票收益敏感性：基于信号理论视
角的考察 [J]. 现代经济探讨, 2018, 000 (005)：46-53.

[21] 冯用富. 货币政策能对股价的过度波动做出反应吗？[J]. 经济
研究, 2003 (1)：37-44.

[22] 高伟, 胡潇月. 不同市场结构下新能源汽车补贴政策对企业研
发投入影响分析 [J]. 工业技术经济, 2019, 38 (12)：127-136.

[23] 高新伟, 闫昊本. 新能源产业补贴政策差异比较：R&D 补贴,
生产补贴还是消费补贴 [J]. 中国人口资源与环境, 2018, 28 (6)：30-40.

[24] 高艳慧, 万迪昉, 蔡地. 政府研发补贴具有信号传递作用吗?：
基于我国高技术产业面板数据的分析 [J]. 科学学与科学技术管理, 2012,
33 (1)：5-11.

[25] 高瑜. "十三五" 风电产业发展的新思维、新战略与新突破

［J］. 宏观经济管理，2016（12）：46-50.

［26］龚枢，陈永丽. 我国证券市场信息传染效应研究：基于日本福岛核电危机背景［J］. 经济与管理，2012，26（6）：69-71.

［27］郭晓丹，闫静静，毕鲁光. 中国可再生能源政策的区域解构、有效性与改进［J］. 经济社会体制比较，2014（6）：176-187.

［28］罗森，盖亚. 财政学［M］. 李秉正，译. 纽约：美商麦格罗·希尔国际股份有限公司，2009.

［29］韩丰霞，肖汉杰，彭定洪，等. 经济新常态下绿色金融发展动力问题探究：基于政府、银行和企业三方博弈关系［J］. 经济与管理评论，2017，33（5）：88-94.

［30］韩佳彤，熊熊，张维，等. 中国股票市场"两会"效应分析［J］. 经济评论，2019（2）：101-112.

［31］郝素利，石芬芬. 标准化、科技创新与新能源发展的关系研究［J］. 科技管理研究，2020，40（1）：167-174.

［32］郝威亚，魏玮，温军. 经济政策不确定性如何影响企业创新？：实物期权理论作用机制的视角［J］. 经济管理，2016，38（10）：40-54.

［33］胡明勇，周寄中. 政府资助对技术创新的作用：理论分析与政策工具选择［J］. 科研管理，2001，22（1）：31-36.

［34］黄德春，刘志彪. 环境规制与企业自主创新：基于波特假设的企业竞争优势构建［J］. 中国工业经济，2006（3）：100-106.

［35］黄浩，张沛. 美国新能源发展概况［J］. 电网技术，2011，35（7）：48-53.

［36］江静. 公共政策对企业创新支持的绩效：基于直接补贴与税收优惠的比较分析［J］. 科研管理，2011，32（4）：1-8，50.

［37］姜文来，王华东. 水资源财富代际转移研究［J］. 经济地理，1995（4）：85-90.

［38］蒋伏心，王竹君，白俊红. 环境规制对技术创新影响的双重效应：基于江苏制造业动态面板数据的实证研究［J］. 中国工业经济，2013（7）：44-55.

［39］解维敏，唐清泉，陆姗姗. 政府 R&D 资助，企业 R&D 支出与自

主创新：来自中国上市公司的经验证据[J].金融研究，2009（6）：86-99.

[40] 康晓辉.基于可持续发展理论的京津冀建筑产业化发展水平评价研究[D].北京：北京建筑大学，2020.

[41] 黎文靖，郑曼妮.实质性创新还是策略性创新？：宏观产业政策对微观企业创新的影响[J].经济研究，2016（4）：60-73.

[42] 李超，李伟，张力千.国外新兴产业生命周期理论研究述评与展望[J].科技进步与对策，2015，32（2）：155-160.

[43] 李晨光，张永安.区域创新政策对企业创新效率影响的实证研究[J].科研管理，2014，35（9）：25-35.

[44] 李春涛，宋敏.中国制造业企业的创新活动：所有制和CEO激励的作用[J].经济研究，2010，45（5）：55-67.

[45] 李华晶，孙怡，任璐.新能源上市公司绿色技术创新绩效研究[J].科技管理研究，2017（21）：240-246.

[46] 李嘉明，彭瑾，刘溢，等.中国营业税改征增值税试点政策实施效果研究[J].重庆大学学报（社会科学版），2015，21（2）：24-31.

[47] 李建勇，杨海波，彭维瀚.新常态下我国信托业发展有效率吗：基于利率市场化创新驱动视角的实证分析[J].财经科学，2016，11：34-46.

[48] 李经路.公司规模、研发投入和影响因子：2010—2014年创业板的证据[J].科技管理研究，2016，36（10）：106-112.

[49] 李庆.新能源消费补贴的微观分析[J].财贸经济，2012（12）：136-141.

[50] 李苏秀，刘颖琦.新能源汽车产业公众意识培育策略：北京数据与国际经验[J].北京理工大学学报（社会科学版），2017，19（3）：57-66.

[51] 李涛，邓秀嫒，陈碧琴.我国增值税扩围改革的资本市场反应与经济后果：来自上市公司股价的经验证据[J].经济体制改革，2013（1）：132-136.

[52] 李晓红，孔令辉，赵烁.清洁能源企业技术创新的财税激励效应研究[J].会计之友，2019（2）：103-108.

[53] 李艳芳，岳小花.我国生物质发电行业存在的问题及对策[J].

中国地质大学学报（社会科学版），2009，9（2）：37-41.

[54] 李艳芳，等. 新能源与可再生能源法律与政策研究 [M]. 北京：经济科学出版社，2015.

[55] 李燕，李应博，韩伯棠. 创新政策异质性与战新产业公司财富效应研究 [J]. 科研管理，2016，37（S1）：523-532.

[56] 李苑艳，陈凯，顾荣. 基于政策工具和技术创新过程的生物质能源产业创新政策评价 [J. 科技管理研究，2018（6）：33-39.

[57] 李云鹤，葛林楠，唐梦涵. 我国民营公司海外并购创造市场价值了吗？：来自短期市场价值效应的证据 [J]. 华东师范大学学报（哲学社会科学版），2018，50（5）：142-151，176-177.

[58] 林伯强. 中国新能源发展战略思考 [J]. 中国地质大学学报（社会科学版），2018（2）：76-83.

[59] 林伯强. 中国能源发展报告 2017 [M]. 北京：中国财政经济出版社，2017.

[60] 林毅夫，孙希芳. 经济发展的比较优势战略理论：兼评《对中国外贸战略与贸易政策的评论》[J]. 国际经济评论，2003（11）：12-18.

[61] 刘澄，顾强，董瑞青. 产业政策在战略性新兴产业发展中的作用 [J]. 经济社会体制比较，2011（1）：196-203.

[62] 刘春玉. 研发投资融资约束及其外部融资依赖性：基于上市公司的实证研究 [J]. 科技进步与对策，2014，31（4）：20-25.

[63] 刘海飞，许金涛. 互联网异质性财经新闻对股市的影响：来自中国互联网数据与上市公司的证据 [J]. 产业经济研究，2017（1）：76-88.

[64] 刘和旺，左文婷. 环境规制对我国省际绿色全要素生产率的影响 [J]. 统计与决策，2016（9）：141-145.

[65] 刘纪显，张宗益，张印. 碳期货与能源股价的关系及对我国的政策启示：以欧盟为例 [J]. 经济学家，2013（4）：45-57.

[66] 刘纪显，郑尚. CDM 对我国新能源产业的影响 [J]. 华南师范大学学报（社会科学版），2010（5）：135-141.

[67] 刘磊，刘毅进. 基于创新需求特性的政府参与行为选择及影响分析 [J]. 科技进步与对策，2012，29（24）：127-131.

［68］刘险峰，沈西林.发展生物质能源存在的问题与对策研究［J］.
天府新论，2009（5）：56-59.

［69］刘行，叶康涛.增值税税率对企业价值的影响：来自股票市场
反应的证据［J］.管理世界，2018，34（11）：12-24，35，195.

［70］卢超，尤建新，戎珂，等.新能源汽车产业政策的国际比较研
究［J］.科研管理，2014，35（12）：26-35.

［71］卢愿清，史军.误读、陷阱与中国应对：美国退出《巴黎协定》
后的新能源政策研究［J］.青海社会科学，2017（5）：71-78.

［72］陆国庆，王舟，张春宇.中国战略性新兴产业政府创新补贴的
绩效研究［J］.经济研究，2014，49（7）：44-55.

［73］逯东，朱丽.市场化程度、战略性新兴产业政策与企业创新
［J］.产业经济研究，2018（2）：65-77.

［74］吕江林.我国的货币政策是否应对股价变动做出反应？［J］.经
济研究，2005（3）：80-90.

［75］吕涛，潘丽.中国新能源上市公司成长性评价研究［J］.工业技
术经济，2017，36（2）：118-125.

［76］马红，王元月.融资约束、政府补贴和公司成长性：基于我国战
略性新兴产业的实证研究［J］.中国管理科学，2015，23（S1）：630-636.

［77］马丽梅，张晓.区域大气污染空间效应及产业结构影响［J］.中
国人口·资源与环境，2014，24（7）：157-164.

［78］马亮.新能源汽车产业财政补贴政策退坡对策和企业应对策略
研究［D］.南京：东南大学，2019.

［79］马隆龙，唐志华，汪丛伟，等.生物质能研究现状及未来发展
策略［J］.中国科学院院刊，2019，34（4）：434-442.

［80］毛其淋，许家云.政府补贴对企业新产品创新的影响：基于补
贴强度"适度区间"的视角［J］.中国工业经济，2015（6）：94-107.

［81］孟庆斌，师倩.宏观经济政策不确定性对企业研发的影响：理
论与经验研究［J］.世界经济，2017（9）：77-100.

［82］莫神星.论以科技创新推动能源技术革命的路径［J］.上海节
能，2018（3）：139-145.

[83] 倪婷婷，王跃堂. 投资者认可增值税改革吗：基于全面增值税转型和"营改增"的经验证据 [J]. 上海财经大学学报，2016，18（6）：42-53，65.

[84] 彭皓玥，赵国浩. 能源终端消费行为选择：环境关心的柔性驱动 [J]. 资源科学，2019，41（1）：132-141.

[85] 彭文兵，马永威，张方方. 政府绿色支持政策对我国新能源推广影响研究 [J]. 价格理论与实践，2018（9）：58-61.

[86] 戚聿东，姜莱. 中国新能源产业政府补贴优化方向研究 [J]. 财经问题研究，2016（11）：17-22.

[87] 秦天程. 传统能源及碳交易价格与新能源股价：基于 VAR 和 CAPM-GARCH 模型的分析 [J]. 技术经济与管理研究，2014（12）：120-124.

[88] 任海军，赵景碧. 技术创新、结构调整对能源消费的影响：基于碳排放分组的 PVAR 实证分析 [J]. 软科学，2018（7）：30-34.

[89] 史代敏. 股票市场波动的政策影响效应 [J]. 管理世界，2002（8）：11-15.

[90] 史代敏. 中国股票市场波动与效率的数量研究 [D]. 成都：西南财经大学，2002.

[91] 史丹等. 新能源产业发展与政策研究 [M]. 北京：中国社会科学出版社，2015：25-26.

[92] 苏坤. 实体企业金融化，货币政策与股价崩盘风险 [J]. 云南财经大学学报，2018，34（9）：59-67.

[93] 苏立宁，李放. "绿色经济"政策的困境与改革路径 [J]. 环境保护，2010（14）：38-39.

[94] 苏立宁，李放. "全球绿色新政"与我国"绿色经济"政策改革 [J]. 科技进步与对策，2011，28（8）：95-99.

[95] 孙华好，马跃. 中国货币政策与股票市场的关系 [J]. 经济研究，2003（7）：44-53.

[96] 孙晓华，李明珊. 研发投资：企业行为，还是行业特征？ [J]. 科学学研究，2014，32（5）：724-734.

[97] 孙早, 肖利平. 产业特征、公司治理与企业研发投入: 来自中国战略性新兴产业 A 股上市公司的经验证据 [J]. 经济管理, 2015, 37 (8): 23-34.

[98] 孙志红, 卢新生. 农业政策对农业上市公司股票价格的影响研究 [J]. 山西财经大学学报, 2011, 33 (5): 69-76.

[99] 谭劲松, 冯飞鹏, 徐伟航. 产业政策与企业研发投资 [J]. 会计研究, 2017 (10): 58-64, 97.

[100] 汤淳, 王过京. 绿色指数发布的股价效应研究: 基于投资者情绪的视角 [J]. 商业经济与管理, 2020 (1): 79-91.

[101] 唐安宝, 李凤云. 融资约束、政府补贴与新能源企业投资效率: 基于异质性双边随机前沿模型 [J]. 工业技术经济, 2016, 35 (8): 145-153.

[102] 唐跃军, 左晶晶. 所有权性质、大股东治理与公司创新 [J]. 金融研究, 2014 (6): 177-192.

[103] 田鑫. 论功能性产业政策的目标和政策工具: 基于日本新能源汽车产业的案例分析 [J]. 科学学与科学技术管理, 2020, 41 (3): 17-31.

[104] 田志龙, 陈丽玲, 顾佳林. 我国政府创新政策的内涵与作用机制: 基于政策文本的内容分析 [J]. 中国软科学, 2019 (2): 11-22.

[105] 王彩萍, 徐红罡. 重大事件对中国旅游企业市场绩效的影响: 以 2008 年为例 [J]. 旅游学刊, 2009, 24 (7): 58-65.

[106] 王刚, 徐雅倩. "前-后福岛事件"的中国核电政策演变路径: 基于政策文献量化分析 [J]. 中国科技论坛, 2018 (6): 25-33, 41.

[107] 王玲, 朱占红. 基于事件分析法的国家创新政策对高新技术产业的影响分析 [J]. 科学学与科学技术管理, 2011, 32 (9): 43-50.

[108] 王圣, 徐静馨. 我国农林生物质发电现状及相关问题思考 [J]. 环境保护, 2018, 46 (23): 61-63.

[109] 王文华, 张卓, 季小立. 高管持股与研发投资: 利益趋同效应还是管理防御效应?: 基于高新技术上市公司的实证研究 [J]. 研究与发展管理, 2014, 26 (4): 23-31.

[110] 王文翌, 安同良. 中国制造业上市公司规模与 R&D 绩效 [J].

中国科技论坛，2014（5）：62-67，73.

[111] 危慧惠. 事件研究法：判别 EMH 的重要方法 [J]. 生产力研究，2009（3）：42-44.

[112] 魏楚，沈满洪. 能源效率及其影响因素：基于 DEA 的实证分析 [J]. 管理世界，2007（8）：66-76.

[113] 魏光兴. 企业生命周期理论综述及简评 [J]. 生产力研究，2005（6）：231-232.

[114] 魏立江，纳超洪. 定向增发预案公告市场反应及其影响因素研究：基于深圳证券交易所上市公司数据的分析 [J]. 审计与经济研究，2008（5）：86-90.

[115] 魏志华，吴育辉，李常青，等. 财政补贴，谁是"赢家"：基于新能源概念类上市公司的实证研究 [J]. 财贸经济，2015（10）：73-86.

[116] 温晓倩，魏宇，黄登仕. 我国新能源公司股票价格与原油价格的波动率外溢与相关性研究 [J]. 管理评论，2012，24（12）：20-30.

[117] 翁章好，陈宏民. 两类可再生能源促进政策的消费者负担比较：国际竞争利益的视角 [J]. 上海交通大学学报（哲学社会科学版），2008（5）：57-64.

[118] 吴文建，任玉珑，史乐峰. 基于电力供应链收益的可再生能源政策比较 [J]. 中国人口·资源与环境，2013，23（3）：44-48.

[119] 吴一平，李鲁. 中国开发区政策绩效评估：基于企业创新能力的视角 [J]. 金融研究，2017（6）：126-141.

[120] 武友德，杨旺舟. 云南省转变工业发展方式的对策研究 [J]. 地域研究与开发，2011，30（3）：19-23.

[121] 小宫隆太郎，奥野正宽，铃村兴太郎. 日本的产业政策 [M]. 黄晓勇，等译. 北京：国际文化出版公司，1988.

[122] 肖兴志，李少林. 能源供给侧改革：实践反思、国际镜鉴与动力找寻 [J]. 价格理论与实践，2016（2）：23-28.

[123] 谢婷婷，刘锦华. 绿色信贷如何影响中国绿色经济增长？[J]. 中国人口·资源与环境，2019，29（9）：83-90.

[124] 徐步朝，张延飞，花明. 低碳背景下中国核能发展的模式与路

径分析 [J]. 资源科学, 2010, 32 (11): 2186-2191.

[125] 徐高彦, 吕慧, 胡世亮. 产业政策激励的信息传递效应研究 [J]. 当代经济研究, 2019, 282 (2): 86-98.

[126] 徐乐, 赵领娣. 重点产业政策的新能源技术创新效应研究 [J]. 资源科学, 2019, 41 (1): 113-131.

[127] 徐晓光, 黄国辉. 我国股价波动的政策干预效应: 基于 ARCH 类修正模型的实证分析 [J]. 当代经济研究, 2007 (4): 67-70.

[128] 许冠南, 王秀芹, 潘美娟, 等. 战略性新兴产业国外经典政策工具分析: 政府采购与补贴政策 [J]. 中国工程科学, 2016, 18 (4): 113-120.

[129] 薛澜, 赵静. 关于"十三五"时期创新驱动发展的时代意义与战略思考 [J]. 国家行政学院学报, 2016 (5): 21-26.

[130] 闫世刚. 低碳经济视角下的中国新能源国际合作 [J]. 外交评论 (外交学院学报), 2012 (5): 86-98.

[131] 严贝妮, 李宇佳. 基于产品生命周期的情报产品研究进展 [J]. 情报科学, 2016, 34 (2): 171-176.

[132] 杨海波, 李建勇. 问询监管的市场反应: 基于深交所数据的实证分析 [J]. 北京工商大学学报 (社会科学版), 2018, 33 (2): 84-93.

[133] 杨令仪, 杨默如. 研发支出税收激励政策对公司股价的影响: 基于事件研究法 [J]. 华侨大学学报: 哲学社会科学版, 2019 (1): 49-62.

[134] 杨卫东, 庞昌伟. 中国能源政策目标及协调战略分析 [J]. 人民论坛·学术前沿, 2018 (5): 62-66.

[135] 叶飞洋, 贾凡胜. 光伏产业扶持性政策有效吗: 来自中国股市的证据 [J]. 当代经济科学, 2016, 38 (1): 68-76, 126.

[136] 叶志强, 赵炎. 独立董事、制度环境与研发投入 [J]. 管理学报, 2017, 14 (7): 1033-1040.

[137] 殷宝庆. 环境规制对企业技术创新效率的影响: 基于三大经济区域面板数据的实证检验 [J]. 鄱阳湖学刊, 2013 (2): 86-95.

[138] 尹小平, 孙璞. 日本政府在新能源开发利用中的作用述略 [J]. 现代日本经济, 2019, 38 (3): 24-34.

[139] 余达锦. 低碳城市建设中新能源发展与政府行为研究 [J]. 生态经济, 2015, 31 (5)：33-33.

[140] 余明桂, 范蕊, 钟慧洁. 中国产业政策与企业技术创新 [J]. 中国工业经济, 2016 (12)：5-22.

[141] 余元全, 余元玲. 股价与我国货币政策反应：基于泰勒规则的实证研究 [J]. 经济评论, 2008 (4)：51-57.

[142] 郁建兴, 王茵. 光伏产业财政补贴政策的作用机制：基于两家光伏企业的案例研究 [J]. 经济社会体制比较, 2017 (4)：127-138.

[143] 元简. 美国的新能源政策：渐进模式及其影响 [J]. 国际问题研究, 2014 (6)：87-103, 131.

[144] 元简. 美国能源政策：倾斜的依据和代价 [J]. 国际问题研究, 2018 (5)：74-89, 128.

[145] 元简. 政策变化对美国新能源产业的影响 [J]. 国际问题研究, 2017 (5)：88-105, 130-131.

[146] 袁潮清, 朱玉欣. 基于动态热点的中国光伏产业政策演化研究 [J]. 科技管理研究, 2020, 40 (14)：43-53.

[147] 袁显平, 张园园, 马晓梅. "营改增" 对上市公司股价影响研究 [J]. 价格理论与实践, 2018 (5)：95-98.

[148] 原毅军, 张军, 贾媛媛. 中国经济发展与研发效率的互动关系：基于省际面板 VAR 模型的实证分析 [J]. 科技管理研究, 2015, 35 (2)：201-207.

[149] 曾慧宇. 产业政策、盈余信息质量与审计意见 [J]. 商业经济与管理, 2019 (6)：82-96.

[150] 曾婧婧, 童文思. 能源政策创新对中国绿色经济发展的驱动途径：基于 2007—2011 年省级面板数据的实证研究 [J]. 经济问题探索, 2017, 000 (005)：155-163.

[151] 曾婧婧, 童文思. 能源政策如何作用工业绿色经济发展 [J]. 中国人口·资源与环境, 2018, 28 (12)：22-31.

[152] 曾婧婧, 胡锦绣. 中国公众环境参与的影响因子研究：基于中国省级面板数据的实证分析 [J]. 中国人口·资源与环境, 2015, 25

（12）：62-69.

［153］张杰，陈志远，杨连星，等. 中国创新补贴政策的绩效评估：理论与证据［J］. 经济研究，2015，50（10）：4-17，33.

［154］张俊瑞，白雪莲，孟祥展. 启动融资融券助长内幕交易行为了吗?：来自我国上市公司的经验证据［J］. 金融研究，2016（6）：176-192.

［155］张敏. 欧盟的绿色经济：发展路径与前景展望［J］. 人民论坛·学术前沿，2017（4）：79-84.

［156］张平，王树华. 江苏绿色增长的政策实践与前景展望［J］. 现代管理科学，2011（11）：30-31，79.

［157］张清辉，陈云伟. 新能源汽车企业技术创新扩散博弈分析［J］. 科技促进发展，2018（5）：393-400.

［158］张铁山，邓新策. 基于上市大数据企业的经营绩效与研发投入关系研究［J］. 工业技术经济，2016，35（9）：77-84.

［159］张卫国，郑月龙，汪小钗. 政府在新能源投资系统中的角色：基于演化博弈的分析［J］. 科技管理研究，2015，35（23）：205-210.

［160］张宪昌. 我国新能源产业发展政策研究［M］. 北京：经济科学出版社，2018.

［161］张象枢，张平. 试析绿色经济的理论基础：再论人口，资源，环境经济学［J］. 生态经济，2001（11）：75-77.

［162］张信东，武俊俊. 政府 R&D 资助强度、企业 R&D 能力与创新绩效：基于创业板上市公司的经验证据［J］. 科技进步与对策，2014，31（22）：7-13.

［163］张颖，张婷. 创新产出影响因素的区域差异性比较研究：来自新能源产业的经验数据［J］. 工业技术经济，2020，39（7）：144-151.

［164］张永安，耿喆，李晨光，等. 区域科技创新政策对企业创新绩效的影响效率［J］. 党政视野，2016（10）：62.

［165］张永安，耿喆，李晨光，等. 区域科技创新政策对企业创新绩效的影响效率研究［J］. 科学学与科学技术管理，2016，37（8）：82-92.

［166］张子余，吕巍然. 国家火炬计划公告的市场反应研究［J］. 软科学，2018，32（10）：13-17.

[167] 张宗益, 张湄. 关于高新技术企业公司治理与 R&D 投资行为的实证研究 [J]. 科学学与科学技术管理, 2007 (5)：23-26, 116.

[168] 章卫东. 定向增发新股与盈余管理：来自中国证券市场的经验证据 [J]. 管理世界, 2010 (1)：54-63, 73.

[169] 赵进文, 范继涛. 经济增长与能源消费内在依从关系的实证研究 [J]. 经济研究, 2007 (8)：31-42.

[170] 赵静梅, 申宇, 吴风云. 天灾、人祸与股价：基于地震、群体骚乱事件的研究 [J]. 管理科学学报, 2014, 17 (4)：19-33.

[171] 赵丽霞, 魏巍贤. 能源与经济增长模型研究 [J]. 预测, 1998 (6)：3-5.

[172] 赵玮. 融资约束、政府 R&D 资助与企业研发投入：来自中国战略性新兴产业的实证研究 [J]. 当代财经, 2015 (11)：86-97.

[173] 赵行姝. 特朗普政府能源政策评析 [J]. 美国研究, 2020, 34 (2)：44-69, 5-6.

[174] 赵玉荣. 可再生能源发电支持政策及其影响研究 [D]. 北京：对外经济贸易大学, 2019.

[175] 郑吉川, 赵骅, 李志国. 双积分政策下新能源汽车产业研发补贴研究 [J]. 科研管理, 2019, 40 (2)：126-133.

[176] 中央党校课题组, 曹新. 中国新能源发展战略问题研究 [J]. 经济研究参考, 2011 (52)：2-19, 30.

[177] 钟凯, 程小可, 肖翔, 等. 宏观经济政策影响企业创新投资吗：基于融资约束与融资来源视角的分析 [J]. 南开管理评论, 2017, 20 (6)：4-14, 63.

[178] 钟凯, 杨鸣京, 程小可. 制度环境、公司治理与企业创新投资：回顾与展望 [J]. 金融评论, 2017, 9 (6)：60-71, 124-125.

[179] 周亚虹, 蒲余路, 陈诗一, 等. 政府扶持与新型产业发展：以新能源为例 [J]. 经济研究, 2015, 50 (6)：147-161.

[180] 朱东山, 孔英. 低碳概念及新能源公司股价与碳交易价格相关性研究 [J]. 生态经济, 2016, 32 (1)：52-57.

[181] 诸大建. 从"里约+20"看绿色经济新理念和新趋势 [J]. 中

国人口・资源与环境, 2012, 22 (9): 1-7.

[182] 邹洋, 聂明明, 郭玲, 等. 财税政策对企业研发投入的影响分析 [J]. 税务研究, 2016 (8): 42-46.

[183] ABOLHOSSEINI S, HESHMATI A, ALTMANN J. The effect of renewable energy development on carbon emission reduction: an empirical analysis for the EU-15 countries [J]. Temep discussion papers, 2014.

[184] ACHEAMPONG A O. Economic growth, CO2 emissions and energy consumption: What causes what and where? [J]. Energy economics, 2018, 74: 677-692.

[185] AGHION P, CAI J, DEWATRIPONT M, et al. Industrial policy and competition [J]. American economic journal-macroeconomics, 2015, 7 (4): 1-32.

[186] ALDY J E. Real world headwinds for trump climate change policy [J]. Bulletin of the atomic scientists, 2017, 73 (6): 376-381.

[187] ANDERSON S, BIEVER J, DESAI S, et al. The America first energy policy of the Trump administration [J]. Journal of energy & natural resources law, 2017, 35 (3): 221-270.

[188] ANDREW F, PETER L. Government policy uncertainty and stock prices: the case of Australia's uranium industry [J]. Energy economics, 2016 (60): 97-111.

[189] ASSMANN D, ULRICH LAUMANNS, DIETER UH. Renewable energy : a global review of technologies, policies and markets [M]. London: Earthscan, 2006.

[190] AUSTIN D. An event – study approach to measuring innovative output: the case of biotechnology [J]. American economic review, 1993, 83 (83): 253-258.

[191] BAKER S R, BLOOM N, DAVIS S J. Measuring economic policy uncertainty [J]. Quarterly journal of economics, 2016, 131 (4): 1593 – 1636.

[192] BELO F, GALA B D, LI J. Government spending, political cycles,

and the cross section of stock returns [J]. Journal of financial economics, 2013, 107 (2): 305-324.

[193] BERARDO R, HOLM F. The participation of core stakeholders in the design of, and challenges to, the US Clean Power Plan [J]. Climate policy, 2018, 18 (9): 1152-1164.

[194] BERNSTEIN S. Does going public affect innovation? [J]. The journal of finance, 2015, 70 (4): 1365-1403.

[195] BHATTACHARYA U, HSU P, TIAN X, et al. What affects innovation more: policy or policy uncertainty? [J]. Journal of financial and quantitative analysis, 2017, 52 (5): 1869.

[196] BOVENBERG A L, PLOEG F V D. Green policies and public finance in a small open economy [J]. Scandinavian journal of economics, 1994, 96 (3): 343.

[197] BROGAARD J, DETZEL A. The asset-pricing implications of government economic policy uncertainty (article) [J]. Management science, 2015, 61 (1): 3-18.

[198] CAI K, ZHU H. Does going public in the U. S. facilitate corporate innovation of foreign firms? [J]. The north american journal of economics and finance, 2020, 52: 101107.

[199] CAMPBELL J Y, MACKINLAY A C. The econometrics of financial markets. [M]. Princeton: Princeton University Press, 1997.

[200] CARRARO C, FAVERO A, MASSETTI E. Investments and public finance in a green, low carbon, economy [J]. Energy economics, 2012, 34 (Suppl 1): S15-S28.

[201] CHAMINADE C, VANG J. Globalisation of knowledge production and regional innovation policy: supporting specialized hubs in the Bangalore software industry [J]. Research policy, 2008, 37 (10): 1684-1696.

[202] CHANG T, CHEN W Y, GUPTA R, et al. Are stock prices related to the political uncertainty index in OECD countries? Evidence from the bootstrap panel causality test [J]. Economic systems, 2015, 39: 288-300.

[203] CHEN C, PINAR M, STENGOS T. Renewable energy consumption and economic growth nexus: evidence from a threshold model [J]. Energy policy, 2020, 139: 111295.

[204] CHEN H Q, HAN Q, LI Y X, et al. Does index futures trading reduce volatility in the chinese stock market? A panel data evaluation approach [J]. Journal of futures markets, 2013, 33 (12): 1167-1190.

[205] CHU A C, FAN H C, SHEN G B, et al. Effects of international trade and intellectual property rights on innovation in China [J]. Journal of macroeconomics, 2018, 57: 110-121.

[206] DA Z, ENGELBERG J, GAO P J. The sum of all fears: investor sentiment and asset prices [J]. Review of financial studies, 2014, 28 (1): 1-32.

[207] DAJIAN Z, YI W. Plan C: China's development under the scarcity of natural capital [J]. Chinese journal of population, resources and environment, 2007, 5 (3): 3-8.

[208] DOGAN E, ALTINOZ B, MADALENO M, et al. The impact of renewable energy consumption to economic growth: a replication and extension of Inglesi-Lotz (2016) [J]. Energy economics, 2020, 90: 104866.

[209] DOSI G, MARENGO L, PASQUALI C. How much should society fuel the greed of innovators? On the relations between appropriability, opportunities and rates of innovation [J]. Research policy, 2006, 35 (8): 1110-1121.

[210] EIKNER A E. Incremental information content of prospective disclosures in management discussion and analysis [D]. Fayetteville: University of Arkansas, 1994.

[211] ELI K. Obama shifts focus from emissions to "clean" energy [J]. Science, 2011, 331 (6017): 524-524.

[212] FAMA E F, FISHER L, JENSEN M, et al. The adjustment of stock prices to new information [J]. International economic review, 1969, 10 (1): 1-21.

[213] FARRAN S. Regulating the environment for blue-green economy in plural legal states: a view from the Pacific [J]. Journal of legal pluralism & unofficial law, 2018, 50 (2): 119-144.

[214] FERSTL R, UTZ S, WIMMER M. The effect of the japan 2011 disaster on nuclear and alternative energy stocks worldwide: an event study [J]. Business research, 2012, 5 (1): 25-41.

[215] FISCHER C, NEWELL R G. Environmental and technology policies for climate mitigation [J]. Journal of environmental economics and management, 2008, 55 (2): 142-162.

[216] FISCHER C, PREONAS L, NEWELL R G. Environmental and technology policy options in the electricity sector: are we deploying too many? [J]. Journal of the association of environmental & resource economists, 2017, 4 (4): 959-984.

[217] FISCHER C, PREONAS L. Combining policies for renewable energy: is the whole less than the sum of its parts? [J]. International review of environmental and resource economics, 2010, 4 (1): 51-92.

[218] GAO X Y, JIN B, LI B, et al. Study on renewable energy development and policy in China [J]. Energy procedia, 2011, 5: 1284-1290.

[219] GIEBEL M, KRAFT K. External financing constraints and firm innovation [J]. Journal of industrial economics, 2019, 67 (1): 91-126.

[220] GOZGOR B, LAU M K C, LU Z. Energy consumption and economic growth: new evidence from the OECD countries [J]. Energy, 2018, 153: 27-34.

[221] GRAU T, HUO M, NEUHOFF K. Survey of photovoltaic industry and policy in Germany and China [J]. Energy policy, 2012, 51: 20-37

[222] GUARIGLIA A, LIU P. To what extent do financing constraints affect Chinese firms' innovation activities? [J]. International review of financial analysis, 2014, 36: 223-240,

[223] GULIYEV F. Trump's "America first" energy policy, contingency and the reconfiguration of the global energy order [J]. Energy policy, 2020,

140: 111435.

[224] GULLBERG A T, BANG G. Look to Sweden: The making of a new renewable energy support scheme in Norway [J]. Scandinavian political studies, 2015, 38 (1): 95-114.

[225] HAFEZNIA H, ASLANI A, ANWAR S, et al. Analysis of the effectiveness of national renewable energy policies: A case of photovoltaic policies [J]. Renewable and sustainable energy reviews, 2017, 79: 669-680.

[226] HALL B H, HARHOFF D. Recent research on the economics of patents [J]. Annual review of economics, 2012, 4 (1): 541-565.

[227] HALL B H, MONCADA-PATERNO-CASTELLO P, MONTRESOR S, et al. Financing constraints, R&D investments and innovative performances: new empirical evidence at the firm level for Europe [J]. Economics of innovation and new technology, 2016, 25 (3): 183-196.

[228] HE F, MA Y M, ZHANG X J. How does economic policy uncertainty affect corporate innovation? Evidence from China listed companies [J]. International review of economics & finance, 2020, 67: 225-239.

[229] HOWARTH N. Clean energy technology and the role of non-carbon price-based policy: an evolutionary economics perspective [J]. European planning studies, 2012, 20 (5): 871-891.

[230] HU Y, PENG L, LI X, et al. A novel evolution tree for analyzing the global energy consumption structure [J]. Energy, 2018, 147: 1177-1187.

[231] HUAN G L, HE R, YANG Q, et al. The changing risk perception towards nuclear power in China after the Fukushima nuclear accident in Japan [J]. Energy policy, 2018, 120: 294-301.

[232] HUMMERA S, JIANDONG W, BILAL M K. The impact of economic policy uncertainty on the innovation in China: empirical evidence from autoregressive distributed lag bounds tests [J]. Cogent economics and finance, 2018, 6 (1): 1-17.

[233] HUO M L, ZHANG D W. Lessons from photovoltaic policies in

China for future development [J]. Energy policy, 2012, 51: 38-45.

[234] INGLESI-LOTZ R. The impact of renewable energy consumption to economic growth: a panel data application [J]. Energy economics, 2016, 53: 58-63.

[235] JACKIE C. Obama tours four states to defend energy policy [J]. New York times, 2012, 161 (55718): 20.

[236] JACOBSSON S, BERGEK A, FINON D, et al. EU renewable energy support policy: faith or facts? [J]. Energy policy, 2009, 37 (6): 2143-2146.

[237] JAFFE A B, STAVINS R N. Dynamic incentives of environmental regulations: the effects of alternative policy instruments on technology diffusion [J]. Journal of environmental economics and management, 1995, 29 (3): S43-S63.

[238] JOHN C. Energy policy and Obama's second term [J]. Electric perspectives, 2013, 38 (3): 20-25.

[239] JOHNSON J. Obama's energy plan [J]. Chemical & engineering news, 2011, 89 (14): 12-12.

[240] KHOSHSOKHAN S. Fuel of interest? The impact of intellectual property rights on innovation [J]. Academy of management annual meeting proceedings, 2017, 2017 (1): 1.

[241] KOMOR P, BAZILIAN M. Renewable energy policy goals, programs, and technologies [J]. Energy policy, 2005, 33 (14): 1873-1881.

[242] KONISKY D M, WOODS N D. Environmental policy, federalism, and the Obama presidency [J]. The journal of federalism, 2016, 46 (3): 366-391.

[243] KWON S S, YIN J Q. Executive compensation, investment opportunities, and earnings management: high-tech firms versus low-tech firms [J]. Journal of accounting, auditing and finance, 2006, 21 (2): 119-148.

[244] LEE J. Government interventions and productivity growth [J]. Journal of Economic growth, 1996, 1 (3): 391-414.

[245] LESSER A J. Energy and environmental policy in the trump era [J]. Natural gas & electricity, 2017, 33 (10): 1-6

[246] LIPP J. Lessons for effective renewable electricity policy from Denmark, Germany and the United Kingdom [J]. Energy policy, 2007, 35 (11): 5481-5495.

[247] MAJI K I, SULAIMAN C, ABDUL-RAHIM A S. Renewable energy consumption and economic growth nexus: a fresh evidence from West Africa [J]. Energy Reports, 2019, 5: 384-392.

[248] MECKLING J. The globalization of carbon trading: transnational business coalitions in climate politics [J]. Global environmental politics, 2011, 11 (2): 26-50.

[249] MENANTEAU P, FINON D, LAMY M. Prices versus quantities: choosing policies for promoting the development of renewable energy [J]. Energy policy, 2003, 31 (8): 799-812.

[250] MUNIR Q, LEAN H H, SMYTH R. CO_2 emissions, energy consumption and economic growth in the ASEAN-5 countries: a cross-sectional dependence approach [J]. Energy economics, 2020, 85: 104571.

[251] MYERS S, MAJLUF N. Corporate financing and investment decisions when firms have information that investors do not have [J] Journal of financial economics, 1984, 13 (2): 187-222.

[252] NARAYAN S, DOYTCH N. An investigation of renewable and non-renewable energy consumption and economic growth nexus using industrial and residential energy consumption [J]. Energy economics, 2017, 68: 160-176.

[253] NASERI S F, MOTAMEDI S, AHMADIAN M. Study of mediated consumption effect of renewable energy on economic growth of OECD countries [J]. Procedia economics and finance, 2016, 36: 502-509.

[254] PáSTOR L, VERONESI P. Political uncertainty and risk premia [J]. Journal of financial economics, 2013, 110 (3): 520-545.

[255] PáSTOR L, VERONESI P. Uncertainty about government policy and stock prices [J]. Journal of Finance, 2012, 67 (4): 1219-1264.

[256] PATRICE B, CHRISTOPHE C. Renewable energy, subsidies, and the WTO: where has the "Green" gone? [J]. Energy economics, 2015, 51: 407-416.

[257] POLZIN F, MIGENDT M, TAEUBE F A, et al. Public policy influence on renewable energy investments: a panel data study across OECD countries [J]. Energy Policy, 2017, 80: 98-111.

[258] PORTER M E, LINDE C V D. Green and competitive: ending the stalemate [J]. Harvard business review, 1999, 28 (6): 128-129 (2).

[259] PRICE M S, DORAN S J, PETERSON R D, et al. Earnings conference calls and stock returns: the incremental informativeness of textual tone [J]. Journal of banking & finance, 2012, 36 (4): 992-101.

[260] REBOREDO J C, WEN X. Are China's new energy stock prices driven by new energy policies? [J]. Renewable and sustainable energy reviews, 2015, 45: 624-636.

[261] REICHE D, BECHBERGER M. Policy differences in the promotion of renewable energies in the EU member states [J]. Energy policy, 2004 (32): 843-849.

[262] SAFARZADEH S, RASTI-BARZOKI M, HEJAZI S R. A review of optimal energy policy instruments on industrial energy efficiency programs, rebound effects, and government policies [J]. Energy policy, 2020, 139: 111342.

[263] SAHU B K. Wind energy developments and policies in China: a short review [J]. Renewable and sustainable energy reviews, 2018, 81, 1393-1405.

[264] SCARLAT N, DALLEMAND J, MONFORTI-FERRARIO F, et al. Renewable energy policy framework and bioenergy contribution in the European Union-an overview from national renewable energy action plans and progress reports [J]. Renewable and sustainable energy reviews, 2015, 51: 969-985.

[265] SCHOT J, STEINMUELLER W E. Three frames for innovation policy: R&D, systems of innovation and transformative change [J]. Research

policy, 2018, 47 (9): 1554-1567.

[266] SHAHBAZ M, RAGHUTLA C, CHITTEDI R K, et al. The effect of renewable energy consumption on economic growth: Evidence from the renewable energy country attractive index [J]. Energy, 2020, 207: 118162.

[267] SHERMAN L, CANTOR A, MILMAN A, et al. Examining the complex relationship between innovation and regulation through a survey of wastewater utility managers [J]. Journal of environmental management, 2020, 260: 110025.

[268] SHUAI S, FAN Z. Modeling the role of environmental regulations in regional green economy efficiency of China: empirical evidence from super efficiency DEA-Tobit model [J]. Journal of environmental management, 2020, 261: 110227.

[269] STERNFELD E. China going nuclear [J]. Energy policy, 2010, 38 (7): 3755-3762.

[270] SUN C W, DING D, FANG X M, et al. How do fossil energy prices affect the stock prices of new energy companies? Evidence from Divisia energy price index in China's market [J]. Energy, 2019 (169): 637-645.

[271] SUN J S, LI G, WANG Z H. Optimizing China's energy consumption structure under energy and carbon constraints [J]. Structural change and economic dynamics, 2018, 47: 57-72.

[272] TAHIYA S. The future of clean energy is dependent on states and utilities [J]. Power, 2017, 161 (4): 20-20.

[273] TAN Z F, CHEN K T, LIU P K. Possibilities and challenges of China's forestry biomass resource utilization [J]. Renewable and sustainable energy reviews, 2015, 41: 368-378.

[274] TESTA F, IRALDO F, FREY M. The effect of environmental regulation on firms' competitive performance: the case of the building & construction sector in some EU regions [J]. Journal of environmental management, 2011, 92 (9): 2136-2144,

[275] TÖDTLING F, TRIPPL M. One size fits all?: towards a differentia-

ted regional innovation policy approach [J]. Research policy, 2005, 34 (8):
1203-1219.

[276] WEI W, CAI W, GUO Y, et al. Decoupling relationship between
energy consumption and economic growth in China's provinces from the
perspective of resource security [J]. Resources policy, 2020 (68): 101693.

[277] WIES S, MOORMAN C. Going public: how stock market listing
changes firm innovation behavior [J]. Journal of marketing research, 2015, 52
(5): 694-709.

[278] WU S. The evolution of rural energy policies in China: a review
[J]. Renewable and sustainable energy reviews, 2020, 119: 109584.

[279] WÜSTENHAGEN R, BILHARZ M. Green energy market develop-
ment in Germany: effective public policy and emerging customer demand [J].
Energy policy, 2006, 34 (13): 1681-1696.

[280] XIA C, WANG Z. Drivers analysis and empirical mode decomposi-
tion based forecasting of energy consumption structure [J]. Journal of cleaner
production, 2020, 254: 120107.

[281] XU G Y, SCHWARZ P, YANG H L. Adjusting energy consumption
structure to achieve China's CO2 emissions peak [J]. Renewable and
sustainable energy reviews, 2020, 122: 109737.

[282] XU Z X. Economic policy uncertainty, cost of capital, and
corporate innovation [J]. Journal of banking & finance, 2020, 111: 105698.

[283] YANG G J, ZHANG Y L, YU X. Intellectual property rights and
the upgrading of the global value chain status [J]. Pacific economic review,
2020, 25 (2): 185-204.

[284] YU S W, ZHENG S H, LI X. The achievement of the carbon emis-
sions peak in China: the role of energy consumption structure optimization [J].
Energy economics, 2018, 74: 693-707.

[285] ZHANG J Y, TENG T, ZHOU S J. The structural changes and de-
terminants of household energy choices and energy consumption in urban China:
addressing the role of building type [J]. Energy policy, 2020, 139: 111314.

[286] ZHANG Q, ZHOU D, FANG X. Analysis on the policies of biomass power generation in China [J]. Renewable & sustainable energy reviews, 2014, 32: 926-935.

[287] ZHANG Y, WANG J R, XUE Y J, et al. Impact of environmental regulations on green technological innovative behavior: an empirical study in China [J]. Journal of cleaner production, 2018, 188: 763-773.

[288] ZHAO M Y. China's intellectual property rights policies: a strategic view [J]. Journal of international business policy, 2020, 3 (1): 73-77.

[289] ZHAO S L, JIANG Y H, WANG S Y. Innovation stages, knowledge spillover, and green economy development: moderating role of absorptive capacity and environmental regulation [J]. Environmental science & pollution research, 2019, 26 (24): 25312-25325.

[290] ZHAO X G, WANG J Y, LIU X M. Focus on situation and policies for biomass power generation in China [J]. Renewable & sustainable energy reviews, 2012, 16 (6): 3722-3729.

[291] ZHEN WG, WALSH P P. Economic growth, urbanization and energy consumption: a provincial level analysis of China [J]. Energy economics, 2019 (80): 153-162.

[292] ZHOU Y. Why is China going nuclear? [J]. Energy policy, 2010, 38 (7): 3755-3762.

后记

能源是人类社会和经济发展的基础，是关系到国计民生和国家安全的战略物资。在传统能源开发利用的过程中，出现了能源短缺和能源消耗带来的环境污染问题，给世界各国带来了人口与资源、社会发展与环境保护等多重压力和挑战。开发利用新能源是保护生态环境、走经济社会可持续发展道路的重要措施。因此，积极开发新能源，寻求可持续发展成为很多国家的首要战略任务。

20世纪70年代的石油危机促使西方国家加快了新能源的开发利用。预测到21世纪中叶，太阳能、风能、生物质能、生物质燃料、核能等一系列新能源将得到迅速发展。

截至2024年年底，中国经济总量规模位列世界第二，能源消耗量位列世界第一。中国是一个"富煤、贫油、少气"的国家。1993年，中国首次成为石油的净进口国；2006年，中国首次成为天然气的净进口国；2009年，中国首次成为煤炭的净进口国。为了缓解经济发展与能源消耗之间的矛盾，优化产业结构，走新型绿色工业化道路，中国必须通过新能源政策引导的方式大力发展新能源产业。

在国民经济发展过程中，新能源政策作为能源领域重要的产业政策，在新能源产业培育和引导方面起到了重要作用。本书对新能源政策经济效应的研究只是冰山一角，未来还有很大的研究空间。希望本书的研究成果可以为中国新能源政策的制定和实施提供有益的参考。

付　莎

2024 年 12 月